Reihe *leicht gemacht*®

Herausgeber:
Prof. Dr. Hans-Dieter Schwind, Hochschullehrer
Dr. jur. Dr. jur. h.c. Helwig Hassenpflug

# Grundgesetz

## *leicht gemacht*

Das Staats- und Verfassungsrecht der Bundesrepublik Deutschland: Aufbau des Staates und seiner Organe, die Rolle der Menschen- und Bürgerrechte (Grundrechte) und die gerichtliche Kontrolle staatlichen Handelns.

*von*

*Robin Melchior*

*Richter am Amtsgericht,*

*Lehrbeauftragter an der Fachhochschule*

*für Verwaltung und Rechtspflege, Berlin*



Ewald von Kleist Verlag, Berlin

ISBN 3-87440-211-8
Ewald v. Kleist Verlag, Pücklerstraße 8, 14195 Berlin
www.kleist-verlag.de

Druck & Verarbeitung: Bosch-Druck GmbH, Landshut

# Vorwort

Das Grundgesetz bildet die Grundlage für alle Lehrveranstaltungen zum Thema Staat, Verfassung und Grundrechte. Es lohnt sich, das GG auch zu anderen Themen zu lesen. Dabei spielt es keine Rolle, ob Sie sich mit Gesellschafts- und Sozialkunde, Soziologie, Politologie, Philosophie, Erziehungswissenschaften, Jura oder Volks- und Betriebswirtschaft beschäftigen oder sich in einem Beruf qualifizieren. Immer bietet das Grundgesetz einen wichtigen Orientierungspunkt in den jeweiligen Fachdisziplinen. Es ist schwierig, andere Fächer umfassend zu verstehen, ohne die Deutungen und Wertungen des Grundgesetzes mit zu berücksichtigen.

Das Grundgesetz sollte man nicht nur für Unterrichtszwecke lesen. Dort geht es nämlich nicht nur um Politik, Wahlen und Gesetze. Das Grundgesetz spielt in allen Ihren persönlichen Lebenslagen eine maßgebliche Rolle: Familie, Ehe und Partnerschaft, Schule, Berufsausbildung, Studium, Wehrpflicht, Arbeit, soziale Sicherheit, Reisen, persönliche Freiheit und Schutz vor staatlicher Willkür. Das Grundgesetz stellt den Menschen in den Mittelpunkt. Nur wer seine Rechte kennt, kann sie nutzen. Ein Grund mehr, sich mit ihm zu beschäftigen.

Die bewährte fallorientierte Darstellung der Reihe „ - leicht gemacht“ hilft Ihnen, sich zurechtzufinden. Versprochen! Fälle, Ergänzungen und Abwandlungen gehen Schritt für Schritt die juristischen Probleme an.

Robin Melchior

## Leitsatzverzeichnis (L = Leitsatz, Ü = Übersicht)

# Inhaltsverzeichnis

## I. Staatsrecht
(Der Staat und seine Organe)



## II. Grundrechte: Menschen- und Bürgerrechte
(Und wo bleibt de Mensch?)



## III. Gerichtliche Kontrolle staatlichen Handelns
(Auch der Staat muss Regeln beachten!)

# Abkürzungsverzeichnis

| | |
|---|---|
| Art. | Artikel |
| AsylVfG | Asylverfahrensgesetz |
| AufenthG | Aufenthaltsgesetz |
| BetrVG | Betriebsverfassungsgesetz |
| BGB | Bürgerliches Gesetzbuch |
| BTGO | Geschäftsordnung des Bundestages |
| BVerfG | Bundesverfassungsgericht |
| BVerfGG | Bundesverfassungsgerichtsgesetz |
| BWahlG | Bundeswahlgesetz |
| EG-Vertrag | Vertrag zur Gründung der Europäischen Gemeinschaft |
| EMRK | Europäische Menschenrechtskonvention (Konvention zum Schutz der Menschenrechte und Grundfreiheiten) |
| EU | Europäische Union |
| EuGH | Europäischer Gerichtshof |
| EZB | Europäische Zentralbank |
| FDGO | Freiheitlich demokratische Grundordnung |
| GewO | Gewerbeordnung |
| GG | Grundgesetz für die Bundesrepublik Deutschland |
| HGB | Handelsgesetzbuch |
| HWO | Handwerksordnung |
| NATO | North Atlantic Treaty Organisation |
| RuStAG | Reichs- und Staatsangehörigkeitsgesetz |
| SGB | Sozialgesetzbuch |
| SGG | Sozialgerichtsgesetz |
| StGB | Strafgesetzbuch |
| StPO | Strafprozessordnung |
| TVG | Tarifvertragsgesetz |
| UNO, UN | Vereinte Nationen (United Nations Organization) |
| VersammlG | Versammlungsgesetz |
| WEU | Westeuropäische Union |
| ZPO | Zivilprozessordnung |

# I. Staatsrecht (Der Staat und seine Organe)

## 1. Lektion Staat und Verfassung

### Fall 1

Die 16jährige Marion hat ihren ersten Personalausweis bekommen. In der oberen linken Ecke steht „Bundesrepublik Deutschland", es folgen Angaben zu ihrer Person und zur Staatsangehörigkeit. Marion hat in ihrer Brieftasche noch mehr Ausweise: Mitgliedsausweis vom Schwimmverein und Schülerausweis.
Marion hat eine genaue Vorstellung davon, was ihre Familie ist und was diese Menschen zusammenhält. Dasselbe gilt für ihre Freunde im Schwimmverein und in der Schule. Sie kann aber nicht sagen, was die Mitgliedschaft in der Bundesrepublik Deutschland bedeutet.

Können Sie helfen?

Marion´s Vergleich ihrer Staatsangehörigkeit mit der Mitgliedschaft im Schwimmverein ist gar nicht so abwegig.

Im Verein treffen sich Menschen mit gleichen Interessen, die sich organisieren, um ein bestimmtes Ziel zu erreichen. Kennzeichnend für den Verein ist, dass die Organisation rechtlich selbstständig ist und der Vereinsbetrieb z. B. nicht davon abhängt, ob Marion regelmäßig am Schwimmtraining teilnimmt, schwänzt oder aus dem Verein austritt. Diesen Grad an Verselbstständigung einer Organisation nennt man Institutionalisierung.

Genau das haben ein Verein und ein Staat wie die Bundesrepublik Deutschland gemeinsam. Nur heißt die Mitgliedschaft hier Staatsangehörigkeit und ist nicht freiwillig.

Ergänzung: Was ist denn ein Staat?

## Leitsatz 1

**Staat**

Staat ist eine Institution, die das Ziel hat, in einem abgegrenzten Gebiet das geordnete Zusammenleben der Bevölkerung zu gewährleisten. Das gelingt aber nur, wenn durch diese Organisation hoheitliche Gewalt (Herrschaft) ausgeübt werden kann bezogen auf die Bevölkerung und auf das Gebiet.

Drei Dinge braucht ein Staat:

Staatgebiet, Staatsvolk, Staatsgewalt.

Ergänzung: Bevor wir uns diese drei Merkmale eines Staates näher anschauen, muss geklärt werden, wie denn die Bildung eines Staates, also seine Errichtung (Konstitution) erfolgt und erkennbar wird.

Kein Staat kommt ohne einen gewissen Maß an Ordnung und Durchsetzung derselben aus. Das beginnt schon bei der Gründung und gilt erst recht nach seiner Etablierung.

Damit ein Staat sein Gemeinwesen überhaupt ordnen kann, hat er von sich aus die Befugnis und Pflicht, sich selbst eine Verfassung zu geben.

Dieses Prinzip der Selbstorganisation gibt es auch in Marion´s Schwimmverein. Irgendwelche Menschen haben ihn vor Jahren gegründet und aus diesem Anlass eine Satzung festgelegt, die seine rechtliche Organisationsstruktur beschreibt und die Rechte und Pflichten der Gründer und der künftigen Mitglieder einheitlich und verbindlich regelt.

Die Vereinssatzung der Bundesrepublik Deutschland heißt Grundgesetz (GG; bitte ab jetzt im Abkürzungsverzeichnis nachschlagen!) und bildet die Verfassung dieses Staates.

## Staatsgewalt

Ergänzung: Marion geht im Augenblick nicht so gerne zur Schule. Ihre Eltern und Lehrer sagen, dass es in der Bundesrepublik Deutschland eine Schulpflicht gebe. Wenn Marion nicht freiwillig zur Schule gehe, kann sie gezwungen werden. Na, das wollen wir mal sehen, denkt sich Marion.

Sie fragt, wo denn das mit der Schulpflicht stehe und ob die auch speziell für sie gelte.

Die Frage, wo das mit der Schulpflicht stehe, zeigt, dass Marion eine vage Vorstellung hat, dass **Gebote und Verbote** in schriftlicher Form existieren müssen und dass sie allgemein verbindlich sind. Solche Regelungen nennt man Gesetze, Vorschriften oder Rechtsnormen. Sie sind ein typisches **Kennzeichen für Staatsgewalt** in einem modernen Staat. Es gab Zeiten, in denen es Herrschaft ohne Gesetz gab; die Rolle des Gesetzes nahmen das Schwert und dann der Revolver ein. Auch heute gelingt es noch nicht, weltweit die Idee des „law rules!“ durchzusetzen. Das macht es so schwierig, Krisenregionen dauerhaft zu befrieden.

> Keine Staatsgewalt kommt ohne Instrumente zur Durchsetzung der beanspruchten Herrschaft aus. Zur Regelung des geordneten Zusammenlebens sind Gebote und Verbote, die allgemeine Gültigkeit gegenüber jedermann beanspruchen, unerlässlich. Die Verfassung bildet dabei die höchste Grundordnung.

Tatsache ist, dass es in jedem Bundesland der Bundesrepublik Deutschland Gesetze gibt, die eine Pflicht zum Schulbesuch festlegen. Tatsache ist auch, dass der Staat diese Pflicht mit Gewalt als letztem Mittel (das ist wörtlich gemeint!) durchsetzen kann, z. B. durch Bußgelder gegen die Eltern und den „Lieferservice“ für Marion durch die Polizei.

Ergänzung: Marion beschließt, dass die gesetzliche Schulpflicht für sie nicht gelte.

Geht das?

Nein, Kennzeichen eines Staates und seiner Herrschaft ist es auch, dass er sich eine Verfassung geben kann, um auf Dauer handlungsfähig zu sein. Eine solche Verfassung legt z. B. fest, wie Gesetze erlassen werden und welche Rechte und Pflichten der einzelne Mensch im Verhältnis zum Staat hat. Und damit sind wir wieder beim GG.

## Leitsatz 2

!

**Verfassung**

Jeder Staat hat als Institution das Recht, sich eine Verfassung zu geben. Der Zweck der Verfassung ist nicht auf die Errichtung des Staatswesens beschränkt.

In der Verfassung kann im Sinne eines allgemein verbindlichen Gesetzes von höchster Rangordnung festgelegt werden u. a. :

- die Staatsform,
- die wesentlichen Grundsätze und Ziele des Gemeinwesens,
- die Organisation des Staates (Welche Einrichtungen nehmen die Aufgaben des Staates wahr und welche Organe handeln für ihn?),
- die Staatsangehörigkeit,
- die Rechte und Pflichten des einzelnen Menschen im Verhältnis zum Staat.

Die Verfassung für die Bundesrepublik heißt Grundgesetz (GG) und ist am 23. Mai 19949 in Kraft getreten.

Marion hat wohl Pech, weil sie im Inland wohnt und damit so gar unabhängig von ihrer Staatsangehörigkeit der Schulpflicht unterliegt. Das GG lässt es zu, dass ihre allgemeine Handlungsfreiheit aus Art. 2 Abs. 1 GG durch Gesetze beschränkt werden darf; ein solches Gesetz ist das einschlägige Schulgesetz in ihrem Bundesland.

Ergänzung: Wie ist das GG eigentlich entstanden?

Man kann auch fragen, wie das GG auf die Welt gekommen ist. In Gesellschaften moderner und westlicher Prägung steht das Recht, einen Staat zu gründen und damit dem Gemeinwesen eine Verfassung zu geben, grundsätzlich dem Volk als verfassungsgebende Gewalt zu (Selbstbestimmungsrecht).
Im Fall des GG gab es aber keine entsprechende Abstimmung in der Bevölkerung. Das lag an den historischen Umständen der ersten Jahre nach dem Zweiten Weltkrieg. Die Konfrontation um die politische Vorherrschaft in Europa (kalter Krieg) hatte zu Folge, dass sowohl die Sowjetunion als auch die West-Alliierten (USA, Großbritannien und Frankreich) jeweils ihre eigene Vorstellung von einem Staat auf deutschen Gebiet verwirklichten: Am 23. Mai 1949 kam es zur Gründung der Bundesrepublik Deutschland mit dem GG im westlichen Teilgebiet; am 7. Oktober 1949 wurde die Deutsche Demokratische Republik mit einer Verfassung in der Sowjetischen Besatzungszone Deutschlands (und nach Ansicht der Sowjetunion auch im Ostsektor Berlins) gegründet. Das politische Risiko eines Scheiterns war auf beiden Seiten zu groß, um vorher eine Abstimmung durchzuführen. Das GG hat dennoch seine Legitimation dadurch gefunden, dass die nachfolgenden Bundestagswahlen mittelbar eine Zustimmung zum GG darstellten. Auch nach der Wiederherstellung der deutschen Einheit zum 3. Oktober 1990 wurde das nicht ausdrücklich nachgeholt. Dennoch zweifelt niemand ernsthaft an der demokratischen Legitimation des GG.
Art. 146 GG hält aber ein Hintertürchen offen: Das GG gilt nach Vollendung der Einheit und Freiheit Deutschlands für das gesamte deutsche Volk; das GG verliert seine Gültigkeit an dem Tage, an dem eine in freier Entscheidung beschlossene Verfassung in Kraft tritt. Das ist wohl eher Theorie.

## Staatsgebiet

Wir haben ja schon gesehen, dass es für 41 Jahre zwei deutsche Staaten gab.

### Fall 2

Marion liest in der Zeitung: „Deutschland ist Weltmeister im Frauen-Fußball!" Marion wundert sich über den Begriff „Deutschland", weil auf ihrem Personalausweis steht: Bundesrepublik Deutschland.

Was ist denn nun richtig: Bundesrepublik Deutschland, Deutschland oder sogar BRD?

Der Begriff „Deutschland" hat zwei Bedeutungen.

(1) Er bezeichnet das Staatsgebiet in seiner geographischen Ausdehnung.

(2) Der Begriff ist eine Kurzform für „Bundesrepublik Deutschland" und beschreibt im politischen und gesellschaftlichen Leben damit auch die nach dem GG vorgegebene Staatsform.

Wie delikat und missverständlich der Begriff „Deutschland" in der jüngeren Geschichte war, können wir u.a. daran erkennen, dass die Deutsche Demokratische Republik eine Nationalhymne hatte, in der das Wort „Deutschland" vorkam. Als dieser Begriff im Laufe des kalten Krieges nicht mehr dem Ideal einer sozialistischen Staates entsprach, ordnete die politische Führung der Deutschen Demokratischen Republik an, dass die Hymne fortan zwar gespielt, aber nicht mehr gesungen werden durfte.

Die Bezeichnung „Deutschland" wird in der Politik und insbesondere in der Außenpolitik (vgl. Art. 32 GG) bewusst anstelle der amtlichen Bezeichnung eingesetzt, damit der deutsche Staat - wie international üblich - einen prägnanten Namen führen kann (Germany, L'Allemagne, Germania).

Zum Thema Staatsgewalt und Staatsgebiet gehört auch die Frage, wie denn der deutsche Staat sich mit seinen Nachbarn verträgt.

Jeder Staat beansprucht für sich Staatsgewalt, Gebietshoheit und Selbstbestimmung (**Souveränität**). Die gegenseitige Achtung der Souveränität bestimmt die Beziehungen der Staaten untereinander (völkerrechtliche Beziehungen).

Mehr dazu in der Lektion 3.

## Staatsvolk

Ergänzung: Marion hat einen tunesischen Vater und eine deutsche Mutter; die Eltern sind nicht verheiratet.

Ist Marion Deutsche und was bedeutet der Begriff „Staatsangehörigkeit“ in ihrem Personalausweis?

Jeder Staat braucht ein Staatsvolk. Besteht die Bevölkerung eines Staates ausschließlich oder hauptsächlich aus Personen einer ethnischen Gruppe (Volkszugehörigkeit, Nationalität), dann spricht man von einem Nationalstaat, wie er sich in Europa seit dem 17. Jahrhundert vielfach verbreitet hat. Dieses Modell ist nicht immer ganz stimmig, weil es zu allen Zeiten Migration (Einwanderung, Auswanderung) gegeben hat. Schließlich stammen z. B. die Teutonen ursprünglich ja auch nicht aus Deutschland und die Goten nicht aus Spanien.
Das GG legt in Art. 116 fest, dass Deutscher ist, wer die deutsche Staatsangehörigkeit besitzt. Ferner sind Deutsche alle Flüchtlinge und Vertriebene deutscher Volkszugehörigkeit sowie Personen, die bedingt durch Krieg und Verfolgung zwischen 1933 und 1945 ausgebürgert worden waren.

Das GG definiert nicht selbst, wie man die deutsche Staatsangehörigkeit erlangt, sondern verweist auf das Reichs- und Staatsangehörigkeitsgesetz (RuStAG). Danach erlangt ein Mensch die deutsche Staatsangehörigkeit entweder durch Geburt oder Erklärung seiner Eltern und ein Ausländer durch Einbürgerung.

Nach dem so genannten Abstammungsprinzip ist Marion Deutsche, weil ein Elternteil, hier die Mutter, Deutsche ist; § 4 Abs. 1 RuStAG. Die ganze Sache wird etwas komplizierter, wenn Marion z. B. in England oder in den USA geboren wäre. Denn dort gilt das so genannte Territorialprinzip; die Staatsangehörigkeit wird durch den Ort der Geburt bestimmt. Marion hätte dann ggf. zwei Staatsbürgerschaften. Das lässt sich nicht vermeiden, weil jeder Staat allein die Grundlagen seiner Staatsangehörigkeit regelt.

Abwandlung: Marions Eltern sind beide Ausländer. Welche Staatsangehörigkeit hat Marion?

Hier gilt nach § 4 Abs. 3 RuStAG ausnahmsweise das Territorialprinzip. Marion ist Deutsche, wenn sie in Deutschland geboren wurde und wenn ein Elternteil zu diesem Zeitpunkt seit acht Jahren rechtmäßig seinen gewöhnlichen Aufenthalt im Inland hatte und er Staatsangehöriger eines EU-Mitgliedslandes ist oder einen besonderen Aufenthaltstitel besitzt. Es kommt also auf die Staatsangehörigkeit der Eltern und ihren Aufenthaltsstatus an. Wir sehen, das Thema lässt keine pauschalen Antworten zu.

Ergänzung: Marion's Vater ist Tunesier, lebt seit 20 Jahren in Deutschland und möchte nun deutscher Staatsbürger werden.

Wie geht das?

Marion's Vater kann als Ausländer die deutsche Staatsbürgerschaft durch Einbürgerung erlangen; §§ 8 bis 10 RuStAG. Eine wesentliche Voraussetzung ist auch hier der rechtmäßige Aufenthalt im Inland.
Aufenthalt ist genauso wie Staatsangehörigkeit im Kern ein verfassungsrechtliches Thema. Denn Staatsgewalt setzt immer die Hoheit des Staates über die Bevölkerung und das Gebiet voraus. Bevölkerung sind die Personen mit der eigenen Staatsangehörigkeit und alle Ausländer. Ausländer sind Personen, die nicht die deutsche Staatsangehörigkeit besitzen, also eine andere Staatsangehörigkeit oder gar keine (Staatenlosen).
Die Politik verwendet für die Migration von Ausländern auch den Begriff der Zuwanderung. Der deutsche Staat behandelt die Frage des Aufenthaltes und Niederlassung für die Staatsangehörigen der EU-Mitgliedsstaaten (Unionsbürger) im Sinne von Freizügigkeit und für Ausländer aus Nicht-EU-Ländern eher restriktiv. Mehr dazu in den Lektionen 11 und 13.

## Staatsform und Verfassungsgrundsätze

### Fall 4

Marion kann mit der Bezeichnung Bundesrepublik Deutschland nicht viel anfangen. Auf dem Personalausweis wird nicht erklärt, was das ist.

Was kennzeichnet denn die Bundesrepublik Deutschland als Staatsform?

Ein Blick in das GG hilft weiter. Lesen Sie Art. 20 GG. Dort steht schon fast alles.

## Übersicht 1: Staatsform der Bundesrepublik Deutschland und Verfassungsgrundsätze

Aus dem GG ergeben sich fünf Wesenmerkmale für die Bundesrepublik Deutschland:

| Merkmal | Kurze Beschreibung |
|---|---|
| 1. Republik Art. 20 Abs. 1 GG | Staatsform, dessen höchster Repräsentanten und Organe durch Wahl bestimmt werden. Zugleich abgrenzendes Merkmal zur Monarchie, bei der das Staatsoberhaupt durch Herkunft und Erbrecht bzw. durch ein Wahlgremium von Aristokraten bestimmt wird. Republik ist nicht automatisch gleichzusetzen mit Demokratie. |
| 2. Demokratie Art. 20 Abs. 1 und 2 GG | Bedeutet **Herrschaft des Volkes**. Das Volk ist Träger der Staatsherrschaft; das Volk ist der Souverän und bestimmt durch Wahlen und Abstimmungen, wer welche Ämter auf Zeit im Staat besetzt und Funktionen ausübt; siehe auch Lektion 2.<br>Republik und Demokratie sind der Ausgangspunkt für den Verfassungsgrundsatz der **Gewaltenteilung**.<br>Außerdem sind Demokratie und die Grundrechte eine Garantie dafür, dass das **Gemeinwohl** Staatsziel ist. |
| 3. Bundesstaatlichkeit (Föderalismus) Art. 20 Abs. 1, 28 Abs. 1, 37 GG | Die Bundesrepublik Deutschland ist ein **föderales Staatsgebilde** bestehend aus 16 selbstständigen Bundesländern, wobei bestimmte staatliche Aufgaben nicht die einzelnen Bundesländer als **Gliedstaaten** wahrnehmen, sondern nach dem GG dem Bund als **Gesamtstaat** übertragen sind (z. B. die Außenpolitik).<br>Das Gegenteil zum Föderalismus wäre eine zentra- |

▶

| | |
|---|---|
| | listische Organisation der staatlichen Befugnisse (wie z.B. in Frankreich).<br>Kein föderale Struktur, sondern ein Staatenbund liegt vor, wenn einzelne souveräne Staaten sich durch völkerrechtliche Verträge gegenseitig binden und Aufgaben verteilen bei gleichzeitiger Wahrung der Souveränität jedes Mitgliedstaates.<br>Z. B. ist die Bundesrepublik Deutschland Mitglied der EU, WEU und NATO, vgl. Art. 23 und 24 GG. |
| 4. Rechtsstaat Art. 19, 20 Abs. 3 GG | Bindeglied zwischen Mensch und Staat. Der Verfassungsgrundsatz beschreibt das Verhältnis zwischen der **objektiven Werteordnung der Grundrechte** (Art. 1 bis 19 GG, siehe Lektion 5) und den Befugnissen des Staates, sowie die Kontrolle durch die Gerichte (siehe Lektion 14). Wesentliches Merkmale sind die **Selbstbindung staatlicher Gewalt** an das GG und der **Gesetzesvorbehalt** (Der Eingriff in die Rechtsposition eines Menschen erfordert eine gesetzliche Grundlage). |
| 5. Sozialstaat Art. 20 Abs. 1 GG | Programmatischer Auftrag an die staatliche Gewalt und zugleich gesetzliche Pflicht, die materielle Existenzgrundlage jedes Menschen zu gewährleisten, indem ausreichend Mittel zur Deckung der Grundbedürfnisse bereit gestellt werden (**Daseinsvorsorge**: Wohnung, Heizung, Kleidung, Essen, Schulbildung u.a.). Daneben gibt es als Staatsziele den Umweltschutz und den Tierschutz; Art. 20a GG. |
| Daraus ergeben sich weitere, allgemeine Verfassungsgrundsätze: | |
| 6. Gewaltenteilung Art. 20 Abs. 2 GG | Die staatliche Gewalt liegt nicht gebündelt in den Händen eines Repräsentanten oder eines Gremiums. Zur besseren Kontrolle und zum Schutz vor Missbrauch und Willkür wird die staatliche Gewalt |

| | |
|---|---|
| | aufgeteilt auf verschiedene Organe, die einzelne Aufgaben wahrnehmen (Verfassungsorgane):<br><br>a) **Legislative**: Gesetzgebende Gewalt, siehe Lektion 2,<br>b) **Exekutive**: Regierung und Verwaltung, siehe Lektion 3<br>c) **Judikative**: Rechtsprechung, siehe III. Kapitel. |

Das GG benennt folgende höchste Organe, die **Verfassungsorgane**:

| | |
|---|---|
| | (1) Bundestag (siehe Lektion 2),<br>(2) Bundesrat (siehe Lektion 2),<br>(3) Gemeinsamer Ausschuss (Art. 53a GG für den Verteidigungsfall),<br>(4) Bundesversammlung (siehe Lektion 3),<br>(5) Bundespräsident (siehe Lektion 3),<br>(6) Bundesregierung (siehe Lektion 3),<br>(7) Bundesverfassungsgericht (siehe Lektion 14). |
| 7. Parlamentarische Demokratie Art. 20 Abs. 2, 21 GG | Die Bundesrepublik ist keine direkte, sondern eine **parlamentarische Demokratie**. Das Volk wählt alle vier Jahre Vertreter in die Parlamente (Bundestag,Länderparlamente), in denen die Sachenscheidungen getroffen werden und die ihrerseits die weiteren Staatsämter bestimmen. |
| 8. Wahlen und Parteien Art. 38, 21 GG | Allgemeine, freie, gleiche und geheime Wahlen sind die Grundlage, die **unmittelbare Ausübung der staatlichen Gewalt** durch den **Bundestag** und durch die **Länderparlamente** zu legitimieren.<br>Parteien wirken nicht nur bei den Wahlen zu den Parlamenten, sondern generell an der politischen Willensbildung des Volkes mit. |

# 2. Lektion Bundestag, Bundesrat, Länder

## Bundestag und Wahlen

### Fall 5

Frau Lehmann aus Münster liest in der Tageszeitung folgende Anzeige: „Dr. Müller-Remscheid = Ihre Stimme in Berlin!
Ihr Bundestagsabgeordneter Dr. Müller-Remscheid von der CDU lädt alle ein zur Bürgersprechstunde am nächsten Donnerstag von 16 bis 19 Uhr."
Frau Lehmann wundert sich über die Bezeichnung „Ihr Bundestagsabgeordneter", weil sie weder ihn gewählt hat, noch diese Partei.

Was macht dieser Dr. Müller-Remscheid überhaupt in Berlin?
Und wer vertritt denn nun Frau Lehmann im Bundestag?

Abgeordnete des Bundestages und der Länderparlamente werden umgangssprachlich als Volksvertreter bezeichnet. Welche Aufgaben haben der Bundestag als Verfassungsorgan und seine Mitglieder?

## Leitsatz 3

**Bundestag**

Der Deutsche Bundestag ist das **Parlament** der Bundesrepublik Deutschland und nimmt im Bund u.a. die Aufgaben der Gesetzgebung (Legislative) wahr, wählt den Bundeskanzler, wirkt an weiteren Wahlen mit (z. B. Bundespräsident, Bundesrichter) und kontrolliert die Bundesregierung (Exekutive).
Die Mitglieder des Bundestages (Abgeordnete) werden gemäß dem Gebot, dass alle Staatsgewalt vom Volk ausgeht, unmittelbar gewählt; Art. 20 Abs. 2 Satz 1, 38 Abs. 1 Satz 1 GG.

## Übersicht 2: Wahlgrundsätze

Die Abgeordneten des Bundestages werden in allgemeiner, freier, gleicher und geheimer Wahl gewählt. **Die Wahlgrundsätze** sind nach Art. 38 Abs. 3 GG im Bundeswahlgesetz (BWahlG) beschrieben:

**Allgemeine Wahl** setzt voraus, dass möglichst viele Menschen wahlberechtigt sind und niemand diskriminierend z. B. aufgrund Geschlechts, Religion etc. ausgeschlossen wird. Dennoch ist es zulässig, nur deutsche Staatsangehörigen wählen zu lassen, die mindestens 18 Jahre alt sind und mindestens drei Monate im Inland wohnen.

**Freie Wahl** bedeutet, dass der Wähler seine Entscheidung frei von Zwang und Beeinflussung trifft. Daher ist es u. a. der Bundesregierung nicht erlaubt, im Wahlkampf für bestimmte Ziele zu werben.

**Gleiche Wahl** bedeutet, dass jede Stimme gleiches Stimmgewicht hat. Das erreicht man, indem gleichgroße Wahlbezirke gebildet werde, mit annähernd derselben Anzahl von Wahlberechtigten.

**Geheime Wahl** heißt, dass die Stimmabgabe nicht offen erfolgt. Die Wahl ist so zu organisieren, dass nicht ermittelt werden kann, wie ein Wähler gestimmt hat.

Diese Wahlgrundsätze gelten auch die Wahlen zu den Parlamenten in den Bundesländern und in den Gemeinden. Bei Wahlen vor Ort in den Gemeinden (Bürgermeister, Stadtverordnetenversammlung, Gemeindeversammlung) können auch Staatsangehörige aus den EU-Mitgliedsstaaten mitwählen; Art. 28 Abs. 1 Satz 2 und 3 GG.

Ergänzung: Wie ist denn dieser Dr. Müller-Remscheid Bundestagsabgeordneter geworden?

Für die 598 zu vergebenden Sitze im Bundestag werden 299 Wahlkreise gebildet. Für jeden Wahlkreis wird ein Abgeordneter nach dem Grundsatz der Personenwahl gewählt. Wer die meisten Stimmen im Wahlkreis hat, ist gewählt (Direktmandat).
Weitere 299 Abgeordnete werden über so genannte Landeslisten nach

dem Grundsatz der Verhältniswahl gewählt. Die Stimmen für die Landeslisten werden zusammengezählt und die Sitze entsprechend ihrem Verhältnis untereinander verteilt. An der Verteilung nehmen grundsätzlich nur Parteien teil, die mehr als 5 % aller Zweitstimmen auf sich vereinigen können oder mindestens drei Direktmandate errungen haben.

Jeder Wähler hat zwei Stimmen: Mit der Erststimme wählt er seinen persönlichen Liebling für das Direktmandat und mit der Zweitstimme eine Landesliste.

Ergänzung: Das erklärt aber noch nicht, wie dieser Dr. Müller-Remscheid tatsächlich in den Bundestag gekommen ist. Hat er sich etwa selbst als Kandidaten aufgestellt?

Nein, aus der Anzeige ergibt sich, dass er wahrscheinlich Mitglied einer Partei ist. Parteien haben bei Wahlen und im politischen Alltag die Funktion von Katalysatoren: Damit bei Wahlen kein Chaos ausbricht und damit überhaupt eine politische Orientierung und Willensbildung möglich ist, kanalisieren Parteien allgemeine, politische Strömungen und geben so Wählern, die sich mit den Zielen einer Partei identifizieren wollen, eine politische „Heimat". Der Status der Parteien für die politische Willensbildung wird vom GG ausdrücklich erwünscht und ist durch Art. 21 GG geschützt.

Ergänzung: Frau Lehmann hat aufgepasst. Im Bundestag sitzen mehr als 599 Abgeordnete.

Dürfen die Abgeordneten Familienangehörige mitbringen?

Nein, die höhere Zahl von Abgeordneten im Bundestag beruht auf zusätzlichen Mandaten, die sich aus der oben beschriebenen Kombination von Personal- und Verhältnismäßigkeitswahl ergeben.

Bilden wir ein Beispiel: In einem Bundesland sind 100 Sitze für den Bundestag zu vergeben. 50 Abgeordnete werden als Direktkandidaten in den Wahlkreisen gewählt, 50 nach den Landeslisten. Die A-Partei stellt in den Wahlkreisen angesehene und erfahrene Kommunalpolitiker auf, die sogar von den Stammwählern der B-Partei akzeptiert werden. Damit gelingt es der A-Partei, fast alle Wahlkreise direkt zu gewinnen. Die B-Partei hat keine guten Direktkandidaten, stellt aber in der Landesliste einen ehemaligen Bundestrainer der Fußballnationalmannschaft auf. Damit erringt die B-Partei 70 % der Zweitstimmen. Die Ergebnisse der Direktwahl und der Landeslisten-Wahl müssen nun auf einen Nenner gebracht werden. Das Problem ist, dass die A-Partei fast 50 Direktmandate gewonnen hat und somit die verbleibenden Sitze nicht ausreichen, um die B-Partei mit dem Ergebnis der Landeslistenwahl angemessen zu berücksichtigen. Das kann man auch anders beschreiben: Die A-Partei besetzt mehr Stühle im Bundestag, als ihr nach der Landesliste zustehen. Da man aber den direkt gewählten Kandidaten ihre Sitze nicht wegnehmen kann, wird die Anzahl der zu vergebenden Sitze solange um sogenannte Überhangmandate erhöht, bis auch die B-Partei über die Landesliste bedient ist.

Ergänzung: Herr Lehmann ist mit Dr. Müller-Remscheid gut befreundet und hat ihn auch gewählt. In der Bürgersprechstunde verlangt Herr Lehmann, dass der Bundestagsabgeordnete bei der Abstimmung zu einem Steuergesetz mit Ja stimmt, obwohl die Partei, die ihn aufgestellt hat, verlangt, dass ihre Abgeordneten mit Nein stimmen.

Wie wird dieser Konflikt gelöst?

> Die Abgeordneten des Bundestages sind Vertreter des ganzen Volkes, an Aufträge und Weisungen nicht gebunden und nur ihrem Gewissen unterworfen; Art. 38 Abs. 1 Satz 2 GG.

Deutlicher geht es nicht. Dennoch lässt sich kein demokratischer Staat ohne Mehrheit im Parlament regieren. Deshalb bilden die Vertreter einer Partei im Bundestag Gruppen, die ab einer Größe von 5 % der Abgeordneten Fraktionen genannt werden und mit eigenen Rechten ausgestattet sind. In den Fraktionen der Parteien wird geklärt, welche Position die Abgeordneten einer Partei zu bestimmten politischen Fragen und Gesetzesentwürfen nach außen im Bundestag, in den Ausschüssen und gegenüber der Bundesregierung und der Presse vertreten (sollen). Durch diese internen Abstimmungen ist ein gewisser Druck auf etwaige „Abweichler“ nicht zu vermeiden; einen Fraktionszwang gibt

es zumindest rechtlich nicht. Parteiräson und Gewissen haben nicht immer dieselbe Hutgröße.
Damit die Unanhängigkeit der Abgeordneten nicht nur auf dem Papier steht, werden sie finanziell abgesichert (Art. 48 GG: Diäten, Aufwandsentschädigungen). Außerdem genießen sie Immunität, d. h. Schutz vor Strafverfolgung; Art. 46 GG. Das ist aber kein Freibrief z. B. für Trunkenheitsfahrten. Die Immunität soll im Wesentlichen vor Strafverfolgung in Bezug auf ihre Abstimmungsverhalten und Meinungsäußerungen im Parlament, sofern sie nicht verleumderisch sind, schützen.

Ergänzung: Dr. Müller-Remscheid zieht seinen besten Anzug an und fährt nach Berlin zur ersten Sitzung des Bundestages nach der Wahl.

Was erwartet ihn da?

Spätestens dreißig Tage nach der Wahl tritt der neue, auf vier Jahre gewählte Bundestag zusammen; Art. 39 GG. Bei seiner ersten Sitzung wird sich der Bundestag konstituieren, einen Präsidenten, seine Stellvertreter und die Schriftführer wählen und sich eine Geschäftsordnung geben, damit das Parlament arbeitsfähig ist; Art. 40 GG. In der Geschäftsordnung wird u.a. geregelt, wie die Tagesordnung für die künftigen öffentlichen Sitzungen zusammengestellt wird, Ablauf der Sitzungen (Aussprache, gemeinsame Beratung, Abstimmungen), Leitung der Sitzungen, das Rederecht der Abgeordneten (Worterteilung, Wortmeldung, Zwischenfragen, Reihenfolge der Redner, Dauer der Reden, Wortentziehung) und der Status der Fraktionen.
Eine weitere Aufgabe ist die Bildung von Ausschüssen; sie dienen der Vorbereitung der Sitzungen des Bundestages (Plenum). Der Bundestag und seine Ausschüsse können die Anwesenheit jedes Mitgliedes der Bundesregierung verlangen; Art. 43 GG.

## Übersicht 3: Aufgaben und Befugnisse des Bundestages

Die Kernbefugnisse des Bundestages sind die Wahl des Bundeskanzlers, die Verabschiedung von Gesetzen, insbesondere des Haushalsgesetzes, und die Kontrolle der Bundesregierung.

| | |
|---|---|
| Wahl des Bundeskanzlers | Wahl ohne Aussprache auf Vorschlag des Bundespräsidenten; Art. 63 GG |

| | |
|---|---|
| Konstruktives Misstrauensvotum | Der Bundestag kann dem Bundeskanzler das Misstrauen aussprechen, muss dabei mit der Mehrheit der Mitglieder einen Nachfolger wählen; Art. 67 GG. |
| Vertrauensfrage | Bundeskanzler kann beantragen, ihm das Vertrauen auszusprechen. Findet der Antrag nicht die Zustimmung der Mehrheit der Mitglieder des Bundestages, kann ein neuer Bundeskanzler gewählt werden, ansonsten kann der Bundespräsident den Bundestag auflösen; Art. 68. |
| Beratung und Beschluss über Gesetzentwürfe | Einbringung von Gesetzentwürfen nebst Begründung (Gesetzesvorlagen) nach Art. 76 Abs. 1 GG durch die Bundesregierung, den Bundesrat oder aus der Mitte des Bundestages (§ 76 BTGO: unterzeichnet von einer Fraktion oder 5 % der Mitglieder des Bundestages). Beschluss nach Art. 77 GG: Lesung, Überweisung an Ausschüsse, Aussprache und Schlussabstimmung.<br><br>Ggf. Überstimmung des Einspruchs des Bundesrates bei nicht zustimmungspflichtigen Gesetzen; Art. 78 GG. |
| Beratung und Beschluss über Haushaltsplan und Entwurf des Haushaltsgesetzes | Das Recht des Parlaments, die Einnahmen und Ausgaben des Staates zu bestimmen (**Budget- oder Etatrecht**), ist eine wesentliche Ausprägung des Prinzips der Gewaltenteilung.<br>Haushaltsvorlagen sind der Entwurf des Haushaltsgesetzes und des Haushaltsplans, Vorlagen zum Nachtragshaushalt.<br>Finanzvorlagen sind alle Vorlagen, die wegen ihrer grundsätzlichen Bedeutung oder ihres |

▶

| | |
|---|---|
| | finanziellen Umfangs geeignet sind, auf die öffentlichen Finanzen des Bundes oder der Länder erheblich einzuwirken; siehe auch Lektion 4. |
| Bildung von Ausschüssen | Ausschüsse dienen der Vorbereitung der Sitzungen des Bundestages in voller Besetzung (Plenum). Es gibt:<br>- Z. B. Haushaltsausschuss,<br>- Ausschuss für Angelegenheiten der EU Art. 45 GG),<br>- Ausschuss für auswärtige Angelegenheiten (Art. 45a Abs. 1 GG),<br>- Ausschuss für Verteidigung (Art. 45a Abs. 2 GG, der auch die Funktion eines Untersuchungsausschusses hat),<br>- Ausschuss für Forschung, Technologie und Technikfolgenabschätzung (§ 56a BTGO), u. v. m. |
| Einsetzung einer Enquete-Kommission | Zur Vorbereitung von Entscheidungen über umfangreiche und bedeutsame Sachkomplexe kann der Bundestag eine Enquete-Kommission einsetzen; § 56 BTGO. |
| Aktuelle Stunde und Befragung der Bundesregierung | Befragung der Bundesregierung durch die Mitglieder des Bundestages zu Fragen von aktuellem Interesse im Rahmen ihrer Verantwortlichkeit, vorrangig zu den Themen, die die Bundesregierung kürzlich behandelt hat. Ferner kann ein bestimmt bezeichnetes Thema von allgemeinem aktuellen Interesse Gegenstand einer Aussprache in Kurzbeiträgen (**Aktuelle Stunde**) sein; § 106 BTGO. |
| Anfragen | **Kleine Anfragen** (§ 104 BTGO): Mitglieder des Bundestages können von der Bundesregierung Auskunft über bestimmt bezeichnete |

| | |
|---|---|
| | Bereiche verlangen. Die Auskunft wird schriftlich erteilt.<br>**Große Anfragen** (§ 100 BTGO): Das Thema wird auf die Tagesordnung des Bundestages gesetzt.<br>Außerdem besteht das Recht, jederzeit Einzelfragen an die Bundesregierung zu stellen (§ 105 BTGO). |
| Wahl eines Wehrbeauftragten | Der Wehrbeauftragte soll die Grundrechte schützen und ist Hilfsorgan des Bundestages bei der Ausübung der parlamentarischen Kontrolle; Art. 45b GG. |
| Wahl des parlamentarischen Kontrollausschusses zu Art. 10 GG | Anstelle des Rechtweges werden Beschränkungen des Brief- Post- und Fernmeldegeheimnisses (z. B. Abhörungen, umgangssprachlich: Lauschangriff) durch ein Gremium des Bundestages nachgeprüft;<br>Art. 10 Abs. 2 GG. |
| Bildung eines Petitionsausschusses | Dem Petitionsausschuss obliegt die Behandlung der Bitten und Beschwerden, die an den Bundestag gerichtet werden; Art. 45c, 17 GG. Das **Petitionsrecht** ist ein Grundrecht. |
| Einsetzung von Untersuchungsausschüssen | Der Bundestag hat das Recht und auf Antrag eines Viertels der Abgeordneten die Pflicht, zur Klärung eines Sachverhaltes einen Untersuchungsausschuss einzusetzen, der die nötigen Beweise erhebt; Art. 44 GG |

## Bundesrat und Länder

### Fall 6

Die Bundesregierung möchte, dass die Polizei in Deutschland künftig ein schickeres Outfit trägt, und bringt in den Bundestag einen Gesetzentwurf ein. Dieser sieht vor, dass alle Polizeibeamten künftig eine preussisch-blaue Uniform tragen, die geschnitten ist wie die Uniform des LAPD (Los Angeles Police Department).

Der Ministerpräsident von Bayern tritt vor die Kameras und Mikrophone der Presse: Der Gesetzentwurf der Bundesregierung sei inakzeptabel, allein schon wegen der gewählten Farbe für die neuen Uniformen. Solche Sachfragen seien allein Angelegenheit der Bundesländer, die zudem die Kosten für die neuen Uniformen tragen. Er werde den Gesetzentwurf der Bundesregierung im Bundesrat ablehnen.

Ist die Kritik des Ministerpräsidenten berechtigt?

Ja, es geht hier um die Abgrenzung der Befugnisse des Bundes und der Länder auf dem Gebiet der Gesetzgebung und Verwaltung. Das Verhältnis wird mit dem Schlagwort Föderalismus gekennzeichnet. Werfen wir zunächst einen Blick auf die Rolle der Länder.

## Leitsatz 4

**Förderalismus**

Die Bundesrepublik Deutschland ist ein Bundesstaat (Art. 20 Abs. 1 GG); mit dem Bund als Gesamtstaat und den 16 Bundesländern als Gliedstaaten, die selbst Staatsgewalt besitzen.
Die Ausübung der staatlichen Befugnisse und die Erfüllung der staatlichen Aufgaben ist Sache der Länder, soweit das GG keine andere Regelung trifft oder zulässt; Art. 30 GG.

Wegen der föderalistischen Struktur sind die Befugnisse für die Gesetzgebung in Art. 70ff GG aufgeteilt. Da die Umsetzung von Gesetzen meist in den Länder erfolgt, haben sie schon deshalb bei der Gesetzgebung häufig ein Wörtchen mitzureden.

> Durch den Bundesrat wirken die Länder bei der Gesetzgebung und Verwaltung des Bundes und in Angelegenheiten der EU mit (Bundesrat als Länderkammer, Art. 50 GG).
> Der Bundesrat besteht aus Mitgliedern der Regierungen der Länder; Art. 51 GG.

In unserem Fall wird die Bundesregierung den Gesetzentwurf wohl nicht dem Bundestag und dem Bundesrat vorlegen, weil der Bund hier gar keine Zuständigkeit für die Gesetzgebung hat. Polizei ist Ländersache. Einzelheiten zu den Zuständigkeiten in der Gesetzgebung siehe Lektion 4.

Ergänzung: Warum gibt es dennoch bundeseinheitliche Uniformen?

In Notfällen und bei der Verfolgung von Straftaten muss für jedermann auf Anhieb erkennbar sein, wer Angehöriger der Polizei ist. Das erfordert in allen Bundesländern eine einheitliche Uniform. Grundlage für die einheitliche Kleidung ist aber keine Vorgabe des Bundes, sondern eine verbindliche Verabredung der 16 Länder untereinander, die auf Konferenzen der Fachminister getroffen wird.

Damit die Unterschiede zwischen dem Bund und den immerhin 16 Ländern nicht allzu groß werden und Klarheit besteht bei der Gesetzgebung und Verwaltung, hat das GG einige Notbremsen eingebaut.

## Übersicht 4: Verhältnis zwischen Bund und Ländern

- Die Zuständigkeiten für Gesetzgebung, Verwaltung und Rechtsprechung sind zwischen Bund und den Ländern im GG klar abgegrenzt; Art. 70ff, 83ff, 92 GG.

- Die Länder wirken bei der Gesetzgebung und Verwaltung des Bundes und in Angelegenheiten der EU mit durch den Bundesrat mit; Art. 50 GG.

- Bundestreue: Bund und Länder müssen die Eigenstaatlichkeit gegenseitig respektieren. Daraus folgt eine allgemeine Pflicht zur Information, Abstimmung, Kooperation und im Zweifel zur Einigung.
- Nach Art. 28 Abs. 1 GG muss die verfassungsmäßige Ordnung in den Ländern den Grundsätzen des republikanischen, demokratischen und sozialen Rechtsstaats entsprechen.
- Bundesrecht bricht Landesrecht; Art. 31 GG.
- Wenn ein Land seine bundesgesetzlichen Pflichten nicht erfüllt, kann die Bundesregierung mit Zustimmung des Bundesrates Weisungen erteilen; Bundeszwang nach Art. 37 GG.
- Die Pflege der Beziehungen zu auswärtigen Staaten ist Sache des Bundes; Art. 32 GG.

## 3. Lektion Bundespräsident, Bundesregierung, Verwaltung

### Bundespräsident

#### Fall 7

Aus Anlass der Fußball-Weltmeisterschaft 2006 kündigen viele hundert Präsidenten, Könige und Minister aus aller Welt ihren Besuch in Deutschland an.

Werden diese Gäste von der Bundesrepublik Deutschland persönlich empfangen und wenn ja, wer empfängt sie?

Es handelt sich hier nicht um Touristen. Die angekündigten Gäste sind nach den jeweiligen Verfassungen Vertreter ihres Staates. Bildlich gesprochen treffen bei dem Besuch in Deutschland zwei und mehr Staaten aufeinander.

Jeder Staat beansprucht für sich Staatsgewalt, Gebietshoheit und Selbstbestimmung (**Souveränität**). Die gegenseitige Achtung der Souveränität bestimmt die Beziehungen der Staaten untereinander (**völkerrechtliche Beziehungen**).

Nach Art. 32 Abs. 1 GG ist die Pflege der Beziehungen zu auswärtigen Staaten Sache des Bundes. Das Auswärtige Amt und Vertreter der anderen Verfassungsorgane regeln den Empfang und die Betreuung der auswärtigen Gäste (diplomatisches Protokoll).

Ist der Gast ein Regierungschef seines Staates, dann wird die Bundesregierung als Exekutive in Person des Bundeskanzler sich vorrangig um ihn kümmern. Kommt ein gekröntes oder gewähltes Staatsoberhaupt ohne Regierungsverantwortung zu Besuch, dann schlägt die Stunde für den Bundespräsidenten.

## Leitsatz 5

**Bundespräsident**

Der Bundespräsident ist das Staatsoberhaupt der Bundesrepublik Deutschland.
Er wird ohne Aussprache von der Bundesversammlung gewählt, die aus den Mitgliedern des Bundestages und einer gleichen Anzahl von Mitgliedern besteht, die von den Volksvertretungen der Länder gewählt worden sind; Art. 54 GG.
Die Amtzeit des Bundespräsidenten dauert fünf Jahre. Er vertritt den Bund völkerrechtlich und empfängt und beglaubigt die Gesandten anderer Staaten (Diplomaten); Art. 59 GG.

Sollten an einem Tag zu viele Gäste auf einmal anreisen, dann wird der Bundespräsident vom Präsidenten des Bundesrates vertreten; das ist einer der Ministerpräsidenten der Länder; Art. 57 GG.

Der Bundespräsident nimmt nicht nur Repräsentationsaufgaben wahr, wenngleich sein politischer Gestaltungsspielraum durch die Pflicht zur Gegenzeichnung eingeschränkt ist; Art. 58 GG.

## Übersicht 5: Aufgaben und Befugnisse des Bundespräsidenten

- Vorschlag an den Bundestag zur Wahl des Kanzlers; Art. 63 Abs. 1 GG
- Ernennung des Bundeskanzlers; Art. 63 Abs. 2 Satz 2 GG.
- Ernennung und Entlassung der Bundesminister; Art. 64 GG.
- Auflösung des Bundestages; Art. 63 Abs. 4 und 68 GG.
- Im Gesetzgebungsverfahren: Ausfertigung der zustande gekommenen Bundesgesetze nach Gegenzeichnung; Art. 82 Abs. 1 GG. Fraglich ist, in welchem Umfang der Bundespräsident ein Prüfungsrecht hat. Zweifel an der Zweckmäßigkeit eines Gesetzes reichen wohl nicht, die Unterschrift zu verweigern, offensichtliche Verfassungswidrigkeit hingegen ja.
- Völkerrechtliche Vertretung der Bundesrepublik Deutschland; Art. 59 Abs. 1 GG.
- Ernennung von Bundesrichtern, Bundesbeamten, Offizieren und Unteroffizieren; Art. 60 Abs. 1 GG.
- Ausübung des Gnadenrechts, soweit nicht die Länder zuständig sind; Art. 60 Abs. 2 GG.

### Fall 8

Was bedeutet oben im letzten Merksatz und in Art. 59 Abs. 1 Satz 1 GG der Begriff „völkerrechtlich"?

Völkerrecht beschreibt die rechtlichen Beziehungen souveräner Staaten untereinander. Diese internationalen Rechtsnormen richten sich an die Staaten als Rechtssubjekte; besonders ausgeprägt ist das Völkervertragsrecht.

Staaten sind in der Lage, auf dem Gebiet des Völkerrechts Verträge zu schließen, um z. B. die zwischenstaatlichen Wirtschaftsbeziehungen (Zölle) und den Personenverkehr (Visa) zu regeln.

In der Bundesrepublik Deutschland schließt der Bundespräsident diese Verträge im Namen des Bundes; Art. 59 Abs. 1 Satz 2 GG. Da solche Verträge Rechte und Pflichten begründen, besteht aus dem Grundsatz der parlamentarischen Demokratie ein Vorbehalt: Nach Art. 59 Abs. 3 GG bedarf ein völkerrechtlicher Vertrag, der die politischen Beziehungen der Bundesrepublik Deutschland oder ein Sachgebiet der Bundesgesetzgebung betrifft, der Zustimmung in Form eines Bundesgesetzes. Diesen Vorgang der Umsetzung internationaler Verträge nennt man Ratifikation.

Ergänzung: Hat denn die Bundesrepublik Deutschland mit jedem der über hundertachtzig Staaten weltweit individuelle Verträge über Visa und Zölle?

Nein, Staaten sind in der Lage, selbst völkerrechtliche Subjekte ins Leben zu rufen. So geschehen am 26. Juni 1945 in San Fransisco, als 51 Staaten die UNO (Vereinten Nationen) als supranationale Organisation gründeten (Ziel: Weltfrieden und internationale Sicherheit durch friedliche zwischenstaatliche Beziehungen und internationale Zusammenarbeit), deren Verfassung am 24. Oktober 19945 in Kraft trat. Als die Bundesrepublik Deutschland und die Deutsche Demokratische Republik 1973 der UNO beitraten, waren mit dem Beitritt umfassende Pflichten aufgrund der UN-Charta verbunden, u.a. in Bezug auf die Menschenrechte (siehe Lektion 5). Die Mitgliedsstaaten der UNO und ihre Unterorganisationen veranstalten zu bestimmten Themen Fachkonferenzen mit der Ziel, einzelne Sachgebiete von internationaler Bedeutung (z. B. Umwelt- und Klimaschutz, Welthandel) zu regeln. Das Ergebnis der Konferenzen (Konventionen, gemeinsame Erklärungen) können dann von den Mitgliedsstaaten durch Ratifikation jeweils für sich zu verbindlichen Rechtsnormen erklärt werden (Beitritt). Die Ratifikationsurkunden können bei diesen supranationalen Einrichtungen hinterlegt werden.
Noch einen Schritt weiter geht die zwischenstaatliche Zusammenarbeit in Europa nach Art. 23 GG. Danach kann der Bund durch Gesetz so gar Hoheitsrechte auf die EU (Europäische Union) übertragen. Die Übertragung verletzt nicht den Grundsatz der Demokratie und staatlichen Selbstbestimmung, solange die Wahrnehmung dieser nationalen Hoheitsrechte durch die Organe der EU die rechtsstaatlichen, sozialen und föderativen Grundsätze des GG berücksichtigt und nur dann zum Zuge kommt, wenn ein Bedürfnis für eine EU-einheitliche Regelung besteht

(**Subsidiarität**). Da das Ziel der EU die Schaffung eines freien Binnenmarktes und die Gewährung von Grundfreiheiten (siehe Lektion 11) ist, regelt die EU einheitlich für alle Mitgliedsstaaten z. B. die Landwirtschaft, Währung (Euro!) und das Zollwesen im Verhältnis zu Drittstaaten. Die Rechtsakte der EU wirken teilweise direkt wie innerstaatliche Gesetze, d. h., dass die EU-Rechtsnormen nicht mehr durch Ratifikation in innerstaatliches Recht umgesetzt werden müssen.
Ein anderes Gebiet der völkerrechtlichen, zwischenstaatlichen Zusammenarbeit ist die Einordnung der Bundesrepublik Deutschland in ein kollektives Sicherheitssystem; mehr zu Art. 24 GG in Fall 11.

## Fall 9

Vor dem Fußballspiel Frankreich gegen Deutschland werden die Nationalhymnen gespielt. Die französischen Spieler singen laut und sehr deutlich die Marseillaise mit und es scheint, als holten sie sich mit dem gemeinsamen Singen einen zusätzlichen Motivationskick. Hingegen fällt die Sangeskunst der deutschen Spieler eher bescheiden aus.

Wie ist der Unterschied zu erklären?

Vielleicht liegt es am Thema der Hymnen. Bei den Franzosen geht es lebensecht und richtig zur Sache: An die Waffen, Bürger! Schließt die Reihen, Vorwärts, marschieren wir! Damit ein unreines Blut unsere Äcker tränkt!
Die Hymne der Deutschen nimmt sich dagegen dem friedlichen und abstrakten Thema der Verfassungsgrundsätze an: Einigkeit und Recht und Freiheit; das ist die dritte Strophe des Liedes der Deutschen (Text von August Heinrich Hoffmann von Fallersleben, 1841; Melodie Joseph Haydn). Die geringe Begeisterung beim Singen der Nationalhymne in Deutschland hat aber auch historische Gründe. Nationalhymnen und andere staatliche Symbole werden in Deutschland stark mit Militarismus, Nationalismus und den beiden Weltkriegen in Verbindung gebracht, die von den Deutschen angezettelt worden waren. Deshalb sieht das GG in Art. 22 nur eine Fahne als nationales Symbol vor: schwarz-rot-gold. Sonst kein Wort im GG zu Bundesadler oder Nationalhymne. Die Festlegung auf dieses Lied als Nationalhymne beruht auf einem Schriftwechsel zwischen Bundeskanzler und Bundespräsident 1952 und 1991. Ferner stellt § 90a StGB das Verunglimpfen der Hymne seit 1975 unter Strafe.

## Bundesregierung

### Fall 10

Die A-Partei zieht mit ihrem Spitzenkandidaten Hubermeier in den Bundestagswahlkampf. Hubermeier verspricht auf allen Wahlkampfveranstaltungen eine Erhöhung der Renten um 5 % und ein „Begrüßungsgeld" von 500 EUR für alle Neugeborenen für den Fall, dass er Bundeskanzler wird. Die A-Partei erringt 55 % der Sitze im Bundestag.

Reicht die Ankündigung des Spitzenkandidaten der A-Partei aus, um Renten und Kindergeld zu erhöhen?

Nein, werfen wir zunächst einen Blick auf die Funktion des Bundeskanzlers.

## Leitsatz 6

**Bundesregierung**

Der **Bundeskanzler** wird auf Vorschlag des Bundespräsidenten vom Bundestag ohne Aussprache mit der Mehrheit der Stimmen gewählt; Art. 63 GG.

Der Bundeskanzler schlägt die Personen vor, die in seiner Regierung (**Bundeskabinett**) die Aufgaben für bestimmte Geschäftsbereiche übernehmen sollen. Der Bundespräsident ernennt die Bundesminister; Art. 64 GG.
Bundeskanzler und Bundesminister bilden die Bundesregierung, das höchste Organ der Exekutive im Bund; Art. 62 GG.

Unterstellen wir, dass Hubermeier zum Bundeskanzler gewählt wird. Das allein ändert aber die Rechtslage in Bezug auf Renten und Kinderprämie noch nicht, weil der Bundestag als Parlament Gesetze verabschiedet und nicht die Bundesregierung als Organ der Exekutive.

Ergänzung: Waren die Ankündigungen von Hubermeier also nur leere Versprechungen?

Nein, der Grundsatz der Gewaltenteilung zwischen Parlament und Regierung besteht auch hier. Da der Bundeskanzler jedoch mit der Mehrheit der Mitglieder des Bundestages gewählt worden ist, besteht eine nicht geringe Wahrscheinlichkeit, dass ein Entwurf aus der Hand der Bundesregierung auch die Mehrheit im Bundestag finden wird.

Eine wesentliche Funktion der Bundesregierung ist das Recht, Gesetzentwürfe in den Bundestag einzubringen; Initiativrecht aus Art. 76 Abs. 1 GG.

Abwandlung: Auf der ersten Sitzung der Bundesregierung steht das Thema Renten- und Kinderprämie auf der Tagesordnung. Der Finanzminister vertritt die Ansicht, dass die Versprechungen des Bundeskanzlers nicht zu finanzieren seien; er rät ab von dem Vorhaben. Es kommt zum Streit im Bundeskabinett.

Kann der Bundeskanzler mit der Faust auf den Tisch hauen und ein Machtwort sprechen?

Ja, die Bundesregierung ist zwar ein Kollegialorgan, aber mit Regeln und einem Alpha-Menschen.

Jeder Bundesminister leitet seinen Geschäftsbereich (Ressort) selbstständig und unter eigener Verantwortung. Über Meinungsverschiedenheiten entscheidet die Bundesregierung; Art. 65 Satz 2 und 3 GG.
Jedoch bestimmt der Bundeskanzler die Richtlinien der Politik und trägt dafür die Verantwortung; Richtlinienkompetenz aus Art. 65 Satz 1 GG.

Ergänzung: Die Erhöhung der Renten und die Kinderprämie sind ein zentrales Anliegen des Bundeskanzlers. Die Bundesregierung bringt auf sein Drängen doch einen entsprechenden Gesetzentwurf in den Bundestag ein. Die Abgeordneten der B-Partei sind natürlich gegen diese Pläne, weil sie den Bürgern keine höheren Steuern und Beiträge zur Rentenversicherung für die Finanzierung des Vorhabens aufhalsen wollen. Bundeskanzler Hubermeier lacht über die Kritik der Opposition, weil er ja eine satte Mehrheit im Bundestag hat. Doch plötzlich schlägt die Stimmung in seiner A-Partei um: Auch diese Bundestagsabgeordneten wenden sich nun teilweise gegen die Pläne der Bundesregierung.

Was wird der Bundeskanzler jetzt tun?

Der Bundeskanzler kann die Abstimmung über den Gesetzentwurf mit der Vertrauensfrage verbinden; Art. 68 GG. Da es keinen Fraktionszwang gibt und Abgeordnete nur ihrem Gewissen unterliegen (Art. 38 Abs. 1 Satz 2 GG), kann der Bundeskanzler über die Vertrauensfrage feststellen, ob er und die Bundesregierung noch eine Mehrheit im Bundestag haben oder nicht.

Ergänzung: Kann die Fraktion der oppositionellen B-Partei auch die Vertrauensfrage stellen?

Ja und Nein. Das Gegenteil von parlamentarischer Mehrheit ist Opposition und das Gegenteil von Vertrauen ist Misstrauen. Die Erfahrungen der Weimarer Republik (1919 bis 1933 bzw. 1945) haben gezeigt, dass die bloße Abstimmung über einen Misstrauensantrag zur Unregierbarkeit des Staates führen kann mit der Folge, dass radikale und undemokratische Kräfte an Einfluss und Macht gewinnen. Deshalb sieht das GG in Art. 67 das konstruktive Misstrauensvotum vor: Über einen Misstrauensantrag wird nur abgestimmt, wenn gleichzeitig ein Nachfolger des Bundeskanzlers gewählt wird.

## Verwaltung

Ergänzung: Der Bundeskanzler hat sich im Ergebnis durchgesetzt. Er hat die Vertrauensfrage gewonnen und der Bundestag hat mit Zustimmung des Bundesrates -nach heftigen Diskussionen und einigen Kompromissen- der Erhöhung der Renten und der Zahlung der Kinderprämie zugestimmt.

Bekommt jetzt Familie Lehmann für ihren jüngsten Spross automatisch die Prämie überwiesen?

Nein, die Gesetzesänderung allein bewirkt noch keine höhere Überweisung auf das Konto der Familie Lehmann. Jedes Gesetz und jede Änderung muss umgesetzt werden. Das ist die Aufgabe der Exekutive. Genauso ist es mit den Rechtsnormen im Strafrecht. Das schöne Papier, das die verbotenen Dinge als Gesetz aufzählt, ist nichts wert, wenn es nicht Polizisten gibt, die Straftaten verfolgen.

> Die Ausführung von Gesetzen ist Aufgabe der Verwaltung (Exekutive).
> Die Länder führen Bundesgesetze als eigene Angelegenheiten aus, soweit das GG nichts anderes bestimmt oder zulässt; Art. 83 GG.

Ergänzung: Die Beamten im Landratsamt von Salzwedel lesen das neue Gesetz zur Kinderprämie. Sie beabsichtigen, das Kindergeld vor der Geburt auszuzahlen, damit die künftigen Eltern die Erstausstattung für den Säugling anschaffen können. Der Bürgermeister von Göttingen sieht das anders: Er möchte erst ein Jahr nach der Geburt zahlen, weil mal wieder Ebbe in der Stadtkasse ist. Die Beamten im Ministerium des Landes Niedersachen fragen, ob sie nicht eine Weisung an die Gemeinden erteilen können, damit die Auszahlung einheitlich erfolgt. Außerdem wundern sie sich, dass Hamburg die Kinderprämie gar nicht auszahlt, sondern mit der Einkommenssteuervorauszahlung der Eltern verrechnet.

Darf denn hier jeder machen, was er will?

Nein, Föderalismus ist kein Tollhaus, sondern erfordert gelegentlich ergänzende Regeln bei der Ausführung von Gesetzen. Zwei verfassungsrechtliche Aspekte sind zu unterscheiden:
Erstens haben wir es mit drei Ebenen der Verwaltung zu tun: Bundesministerium, Länder und Gemeinden.

> Gemeinden und Gemeindeverbände haben das Recht der Selbstverwaltung in Angelegenheiten der örtlichen Gemeinschaft; Art. 28 Abs. 2 GG.
> Davon zu unterscheiden sind die Aufgaben, die die Verwaltungsbehörden in den Gemeinden, die dem Bund und dem Bundesland nachgeordnet sind, kraft Gesetzes wahrnehmen.

Sie haben sicherlich gemerkt, dass Hamburg ein Bundesland ist und gleichzeitig Gemeinde; Pardon, Freie und Hansestadt, also ein Stadtstaat wie Berlin und Bremen auch. Deshalb geht es hier um eine einheitliche Anwendung eines Bundesgesetzes in allen Ländern und Gemeinden.

Zweitens geht es darum, ob nicht der Bund trotz Ausführung des Gesetzes durch die Länder Vorgaben für eine einheitliche Handhabung machen darf.

Bei der Ausführung von Bundesgesetzen darf der Bund **allgemeine Verwaltungsvorschriften** erlassen, die bundesweit eine einheitliche Anwendung sicherstellen sollen. Je nach Art der Verwaltung bedarf der Erlass der allgemeinen Verwaltungsvorschriften der Zustimmung durch den Bundesrat (Länderverwaltung, Auftragsverwaltung).

Unser Fall lässt bewusst offen, ob die Kinderprämie eine echte Subvention oder ein mittelbarer Steuervorteil ist und wer die Ausgaben trägt (Bund und / oder Land). Denn je nach Rechtsnatur der Prämie und Ausgabenlast gibt es unterschiedliche Verwaltungsarten.

## Übersicht 6: Ausführung von Bundesgesetzen

| | | |
|---|---|---|
| Drei Arten für die Ausführung von Bundesgesetzen | 1. Grundsätzlich Ausführung durch Länder in eigener Verantwortung; Art. 83 GG.<br>2. Ausführung durch Länder im Auftrag des Bundes; Art. 85 GG.<br>3. Bundeseigene Verwaltung; Art. 86 GG. | |
| 1. Landesverwaltung | 2. Auftragsverwaltung | 3. Bundeseigene Verwaltung |
| Ausführung durch Länder in eigener Verantwortung; Art. 84 GG. | Ausführung durch Länder im Verhältnis zu Bürgern im Auftrag des Bundes; Art. 85 GG. | Ausführung durch den Bund selbst; Art. 86 GG. |

| | | |
|---|---|---|
| Länder regeln Einrichtung der Behörden und des Verwaltungsverfahrens; Art. 84 Abs. 1 GG. | Einrichtung der Behörden ist Sache der Länder; Art. 85 Abs. 1 GG. | Einrichtung einer bundeseigenen Verwaltung oder Errich tung bundesunmittelbarer Körperschaften und Anstalten. |
| Rechtsaufsicht des Bundes (Gesetzmäßigkeit); Art. 84 Abs. 2 GG. | Rechts- und Fachaufsicht des Bundes (Gesetzmäßigkeit und Zweckmäßigkeit); Art. 85 Abs. 4 GG. | Hierarchischer Behördenaufbau sichert umfassenden Einfluss und Kontrolle. |
| Erlass allgemeiner Verwaltungsvorschriften | Erlass allgemeiner Verwaltungsvorschriften Z. B.: Bau und Unterhalt von Autobahnen, Gewährung von Geldleistungen nach Art. 104a Abs. 3 Satz 2 GG. | Erlass allgemeinerVerwaltungsvorschriften Z. B.: Art. 87 GG Auswärtiges Amt, Bundespolizei, Deutsche Rentenversicherung, Bundesagentur für Arbeit. |
| Eine Sonderrolle nehmen die Gemeinschaftsaufgaben (GA) nach Art. 91a und 91b GG ein. | Der Bund wirkt bei der Erfüllung von Aufgaben der Länder, auch im Bereich der Ausführung, mit, wenn diese Aufgabe für die Gesamtheit bedeutsam sind und die Mitwirkung des Bundes zur Verbesserung der Lebensverhältnisse erforderlich ist: Hochschulbau, Verbesserung der regionalen Wirtschaftstruktur (Wirtschaftförderung), Verbesserung der Agrarstruktur, Küstenschutz, Bildungsplanung und wissenschaftliche Forschung von überregionaler Bedeutung. | |
| Ländergesetze | Führt das jeweilige Bundesland in eigener Verantwortung aus; Art. 30 GG. | |

## Fall 11

Familie Lehmann war zwei Wochen auf Mallorca. Der Urlaub war der blanke Horror, weil alle gestreikt haben: Hotelpersonal, Müllabfuhr, Busfahrer und jetzt auch die Fluglotsen. Seit vier Stunden sitzt die Familie im Flugzeug und wartet in der Mittagshitze auf den Rückflug. Herr Lehmann schläft ein und träumt: Die Bundeswahr wird kommen, er wird befreit werden und dann räumen die Soldaten die ganze Insel auf.

Nur ein Traum?

Ja, Streitkräfte haben grundsätzlich andere Aufgaben und es gibt ohnehin Grenzen für Einsätze im Ausland.

> Der Bund stellt nach Art. 87 GG **Streitkräfte zur Verteidigung** auf (Bundeswehr). Ein Angriffskrieg ist verboten; Art. 26 GG. Der Bundesminister für Verteidigung hat die Befehls- und Kommandogewalt (Art. 65a GG); im Verteidigungsfall geht sie auf den Bundeskanzler über (Art. 115b GG).
> Der Bund kann nach Art. 24 GG sich zur Wahrung des Friedens einem System gegenseitiger kollektiver Sicherheit einordnen und hierbei Beschränkungen seiner Hoheitsrechte hinnehmen, um eine friedliche und dauerhafte Ordnung in Europa und zwischen den Völkern der Welt herbeizuführen und zu sichern. Militärische Bündnisse mit Beistandspflichten zum Schutz der eigenen Bevölkerung und der Verbündeten (Bündnisfall) sind die WEU (Westeuropäische Union) und NATO (North Atlantic Treaty Organisation).

Außer zur Verteidigung dürfen Streitkräfte nur eingesetzt werden, soweit das Grundgesetz das ausdrücklich zulässt:

- **Einsatz im Inland** bei Naturkatastrophen und Unglücksfällen, wenn die Polizei des Landes und Bundespolizei nicht ausreichen, um die öffentliche Sicherheit und Ordnung aufrechtzuerhalten oder wiederherzustellen (Art. 35 Abs. 2 und 3 GG);
- Einsatz im Inland bei Gefahr für den Bestand des Bundes oder eines Landes, wenn Polizei des Landes und Bundespolizei zur Bekämpfung nicht bereit oder in der Lage sind (Art. 91 Abs. 2, 87a Abs. 4 GG);

- Einsatz im Ausland außerhalb eines Verteidigungs- und Bündnisfalles und außerhalb des NATO-Gebietes nach der Rechtsprechung des BVerfG möglich, wenn der Bundestag dem konkreten Einsatz bewaffneter Kräfte zustimmt; die friedenssichernden Regelwerk der WEU, NATO und der Vereinten Nationen (UNO) sind Systeme gegenseitiger kollektiver Sicherheit im Sinne des Art. 24 Abs. 2 GG.

Das Thema Wehrpflicht und Gewissensfreiheit ist in der Lektion 8 behandelt.

# 4. Lektion Gesetzgebung, Steuern, Finanzen

## Gesetzgebung

### Fall 12

Die Bundesregierung möchte die Verkehrssicherheit für Fahrradfahrer erhöhen und bringt einen Gesetzentwurf in den Bundestag ein. Dieser sieht folgende Maßnahmen vor:

a) eine Stunde Verkehrsunterricht pro Woche an allen Schulen;
b) Pflicht der Gemeinden und Städte, Fahrradwege zu bauen und Verkehrsflächen umzuwidmen;
c) Tempo 30 für alle KFZ innerhalb der Ortschaften.

Der Ministerpräsident von Hessen sagt bei einem Fernsehinterview, dass er und seine Kollegen den Gesetzentwurf der Bundesregierung verhindern werden.

Warum hat der Ministerpräsident etwas gegen diesen vernünftigen Vorschlag zur Verbesserung der Verkehrssicherheit?

Der Ministerpräsident hat sicherlich keine Bedenken in der Sache. Er leitet seinen Widerstand gegen den Gesetzentwurf aus dem GG ab. Das Gesetzgebungsverfahren muss die Prinzipien des Föderalismus und der Gewaltenteilung angemessen berücksichtigen. Es geht um die Zuständigkeit für die Gesetzgebung und um die Mitwirkung des Bundesrates, wenn die Ausführung von Gesetzen betroffen ist.

Die Länder haben das Recht der Gesetzgebung, soweit das GG nicht dem Bund Gesetzgebungsbefugnisse verleiht; Art. 70 Abs. 1 GG. In drei Breichen hat der Bund Gesetzgebungsbefugnisse: für Gegenstände der ausschließlichen Gesetzgebung, der konkurrierenden Gesetzgebung und der Rahmengesetzgebung.

## Übersicht 7: Befugnisse des Bundes für die Gesetzgebung

Befugnisse des Bundes für die Gesetzgebung

| **Ausschließliche** Gesetzgebung; Art. 71, 73 GG.: | **Konkurrierende** Gesetzgebung; Art. 72, 74 GG | **Rahmengesetzgebung**; Art. 75 |
|---|---|---|
| z.B. Auswärtige Angelegenheiten, Zivilschutz, Verteidigung, Staatsangehörigkeit, Freizügigkeit, Passwesen, Ein und Auswanderung und die Auslieferung, Zoll- und Grenzschutz (Bundespolizei), Luftverkehr, Eisenbahnverkehr, Postwesen und Telekommunikation, gewerblicher Rechtsschutz, Urheberrecht, Verlagsrecht, Zusammenarbeit des Bundes und der Länder in der Kriminalpolizei, zum Schutze der freiheitlichen de- | Länder haben die originäre Befugnis zur Gesetzgebung, solange und soweit der Bund auf diesem Gebiet hier von nicht selbst durch Gesetz Gebrauch macht. Zulässig aber nur, wenn eine **bundeseinheitliche Regelung erforderlich** ist nach Art. 72 Abs. 2 GG, d.h. wenn und soweit eine bundesgesetzliche Regelung für die Herstellung gleichwertiger Lebensverhältnisse im Bundesgebiet oder für die Wahrung der Rechts- und Wirt- | Rahmenvorschriften sind nur unter den Vorraussetzungen der Erforderlichkeit wie nach Art. 72 GG für die konkurrierende Gesetzgebung zulässig; sie dürfen nur in Ausnahmefällen in Einzelheiten gehende oder unmittelbar geltende Regelungen enthalten. Die Länder setzen die Rahmengesetzgebung des Bundes mittels eigener Ländergesetze um. Liste siehe Art. 75 GG |

| | | |
|---|---|---|
| mokratischen Grundordnung, des Bestandes und der Sicherheit des Bundes oder eines Landes (Verfassungsschutz) und internationale Verbrechensbekämpfung | schaftseinheit im gesamtstaatlichen Interesse erforderlich ist. Liste siehe Art. 74 GG | |

Außerdem gibt es noch Gesetzgebungsbefugnisse des Bundes im Rahmen der **Gemeinschaftsaufgaben**; Art. 91a-b GG.

Hiernach hat der Bund keine Gesetzgebungsbefugnisse zu Punkt a) des Gesetzentwurfes, weil die Länder für das Schulwesen, genauso wie für Kultur und Polizei, zuständig sind.
Zu Punkt b) kann der Bund zwar seine Vorstellungen über die Bodenverwendung und Raumordnung äußern, aber nur als Rahmengesetz ohne Einzelregelung. Zudem liegt kein Fall der konkurrierenden Gesetzgebung vor, weil keine Fernstraßen betroffen sind und ohnehin die Gemeinden nach Art. 28 Abs. 2 GG Planungshoheit haben.
Der Punkt c) betrifft den Straßenverkehr und Kraftfahrwesen; ein Bedürfnis zu einer bundeseinheitlichen Regelung im Sinne des Art. 72 Abs. 2 GG auf dem Gebiet der konkurrierenden Gesetzgebung aus Art. 74 Abs. 1 Nr. 22 GG kann hier unterstellt werden.

Ergänzung: Kann denn der Bundestag jetzt ganz alleine über ein Bundesgesetz zu dem Punkt c) beschließen?

Nicht ganz, weil das GG eine Beteiligung des Bundesrates im Gesetzgebungsverfahren vorsieht. Nach Art. 77 Abs. 1 GG werden die vom Bundestag beschlossenen Gesetzentwürfe durch seinen Präsidenten dem Bundesrat zugeleitet.

## Leitsatz 7

**Bundesrat und Gesetzgebung**

Nach Art. 50 GG wirken die Länder bei der Gesetzgebung und Verwaltung des Bundes durch den Bundesrat mit.
Der Umfang der Beteiligung des Bundesrates im Gesetzgebungsverfahren hängt vom Gegenstand des Gesetzes ab (Art. 77 GG).

1) Bundesgesetze ohne Zustimmungsvorbehalt: Erhebt der Bundesrat Einspruch gegen ein vom Bundestag beschlossenes Gesetz, dann kann der Bundestag durch einen weiteren Mehrheitsbeschluss den Einspruch verwerfen (Nichtzustimmungsbedürftige Gesetze, Einspruchsgesetze).
2) Bundesgesetze mit Zustimmungsvorbehalt: Die Zustimmungsbedürftigkeit des Gegenstandes muss sich aus dem GG ergeben; Der Bundestag kann den Einspruch des Bundesrates nicht verwerfen; das Gesetz kommt nur mit Zustimmung des Bundesrates zustande.

Um die Interessen von Bundestag und Bundesrat auszugleichen, kann ein **Vermittlungsausschuss** einberufen werden, der die Möglichkeiten eines Kompromisses klärt.

Ferner bedarf ein Bundesgesetz der Zustimmung durch den Bundesrat, wenn im Bereich der Landesverwaltung und der Auftragsverwaltung die Einrichtung von Behörden in den Ländern geregelt wird. Art. 84 Abs. 1, 85 Abs. 1 GG

Ergänzung: Darf denn ein Bundesgesetz eine Ermächtigung aussprechen, dass bestimmte Rechte und Pflichten nicht durch das Gesetz selbst, sondern durch eine Rechtsverordnung geregelt werden?

Ja, in Grenzen. Grundsätzlich ist es Aufgabe der Parlamente, Rechte und Pflichten durch Gesetze festzulegen. Aufgabe der Verwaltung ist es, diese Gesetze auszuführen. Damit ein Gesetz aber nicht mit allen erdenklichen Einzelheiten aufgebläht wird, kann ein Bundesgesetz vorsehen, dass die Bundesregierung, ein Bundesminister oder die Landesregierungen diese Details mittels Rechtsverordnungen zu regeln. Obwohl

Rechtsverordnungen keine Gesetze im formellen Sinne sind, wirken sie aber wie Gesetze. Sie sind Gesetze im materiellen Sinne.

> Rechtsverordnungen sind zulässig, wenn im Gesetz Inhalt, Zweck und Ausmaß der erteilten Ermächtigung angegeben werden; Art. 80 Abs. 1 Satz 2 GG. Ist das Gesetz selbst zustimmungsbedürftig, bedarf auch die darauf beruhende Rechtsverordnung der Zustimmung durch den Bundesrat.

Ergänzung: Was kann denn ein Ministerpräsident machen, wenn das Gesetz im Ergebnis doch beschlossen und in Kraft tritt, obwohl verfassungsrechtliche Zweifel bestehen?

Dann kann seine Landesregierung in einem Verfahren vor dem BVerfG klären, ob das betreffende Bundesgesetz förmlich und sachlich mit dem GG vereinbar ist; zur abstrakten Normenkontrolle siehe Lektion 15.

## Steuern und Finanzen

### Fall 13

Das Bundeskabinett kommt zu einer Sitzung zusammen. Die Tagesordnung ist ziemlich umfangreich und die Teilnehmer verabreden, vor jedem Beratungspunkt ein Lied zu singen. Gemeinsames Singen schafft gute Stimmung, verbindet emotional und sorgt so für ein gutes Arbeitsklima.
Auf der Tagesordnung steht ein Bericht über die Arbeitslosigkeit bei Jugendlichen. Bund und Länder wollen ein Programm starten und ein Gesetz in den Bundestag einbringen, um allen Schulabgängern einen Ausbildungsplatz zu garantieren.

Welches Lied singen die Bundeskanzlerin und die Bundesminister vor der Beratung?

Antwort: „Wer soll das bezahlen, wer hat so viel Geld ....“
Irgendwer wird das Programm schon bezahlen müssen. Die Ausführung von Gesetzen und die Umsetzung von Förderprogrammen setzt ihre **Finanzierung** voraus, sonst sind es nur leere Wörter und Versprechungen. Wie kommt der Staat an das notwendige Geld? Er erhebt

Steuern und bestreitet daraus die allgemeinen, meist gesetzlich festgelegten Aufgaben.

> Die Ausgaben für staatliche Aufgaben werden über **Steuern**, Abgaben, Beiträge und Gebühren finanziert.
> Steuern sind Geldleistungen, die Bund, Länder und Kommunen (Art. 105 GG) auf der Grundlage eines Gesetzes zur Erzielung von Einnahmen allen auferlegen, ohne dass sie eine Gegenleistung für eine besondere Leistung darstellen. Das Fehlen einer Gegenleistung unterscheidet die Steuer z. B. von Beiträgen (zur Straßenerschließung) oder von einer Gebühr (für eine Baugenehmigung). Abgaben sind so etwas wie Sonderopfer einer als leistungsfähig angesehenen Personengruppe.

Details siehe Steuerrecht - *leicht gemacht*, Lektion 1, und Wirtschaftsrecht - *leicht gemacht*, Lektion 7.
Das hier beabsichtigte Gesetz regelt zwei Sachverhalte: Erstens die Leistungspflicht des Staates, so dass jeder Jugendliche, der die Förderungsvoraussetzungen erfüllt, einen unmittelbaren Anspruch hat. Bei Leistungsansprüchen kann eine gesetzliche Grundlage geschaffen werden, muss aber nicht. Zweitens kann das Gesetz regeln, ob diese konkreten Ausgaben anstatt aus den allgemeinen Steuereinnahmen von einer bestimmten Gruppe im Sinne durch eine Abgabe o. ä. zu finanzieren ist. Das erfordert zwingend eine gesetzliche Grundlage.

Ergänzung: Die Zeit ist knapp. In zwei Wochen werden 500.000 Schulabgänger eine Lehrstelle benötigen. Es ist keine Zeit mehr, um ein Gesetz durch den Bundestag unter Beteiligung des Bundesrates zu verabschieden.
Könnten denn die Bundeskanzlerin oder die Bundesregierung nicht einfach selbst bestimmen, dass das Förderprogramm ohne Gesetz gestartet wird, jedoch entweder

a) allein die Unternehmen die notwendigen Mittel für die Finanzierung des Beschäftigungsprogramms aufbringen müssen oder

b) die Mittel für das Förderprogramm aus den allgemeinen Steuer einnahmen genommen werden?

Nein, zu a):
Die Auferlegung einer Pflicht zur Zahlung von Steuern und Abgaben bedarf zwingend einer gesetzlichen Grundlage. Diese Grundlage kann hier nur die Legislative, also der Bundestag unter Beteiligung des Bundesrates schaffen. Die Bundesregierung kann das nicht, weil sie die Bestandteil der Exekutive ist. Selbst wenn ein Bundesgesetz geschaffen wird, benötigt man schon sehr gute Gründe, um einem Teil der Gesellschaft, hier die Unternehmen, einseitig die Pflicht zur Finanzierung von Aufgaben aufzulasten. Umgangssprachlich spricht man hier von einer Frage der Steuergerechtigkeit, meint aber Art. 3 GG. Schließlich kommen ja alle Steuerzahler auch für die allgemeine Schulbildung und für die Hochschulen auf. Was macht es da für einen großen Unterschied, wenn ein Schüler statt eines Studiums eine Berufsausbildung anstrebt? Das ist ein weites Feld ...

Nein zu b):
Die stetig sprudelnden Einnahmen aus Umsatz-, Einkommens-, Gewerbe-, Mineralölsteuer und viele Steuern mehr, verleiten zwar dazu, die Mittel je nach Bedarf einzusetzen oder auch einfach auf neue Projekte umzulenken. Doch auch hier gibt es eine deutliche verfassungsrechtliche Grenze für die Bundesregierung.

Das so genannte **Etatrecht** (auch Budgetrecht genannt) besagt, dass nicht die Exekutive, sondern nur die Parlamente das Recht haben, die **Erhebung und Verwendung von Steuern** und Abgaben festzulegen. Das geschieht durch einen Haushaltsplan und durch ein Haushaltsgesetz. Damit haben der Bundestag und die Länderparlamente die alleinige Befugnis, jeweils den Haushalt zu bestimmen.
Das Etatrecht ist ein wichtiges Instrument der Parlamente, die Exekutive zu kontrollieren. Keine Ausgaben ohne Haushaltsplan und -gesetz,! Vgl. Art. 110 bis 112 GG.

Die gegenseitige Abhängigkeit von Exekutive und Parlament in Sachen Haushalt, Steuern und Finanzen ist in Wirklichkeit viel komplizierter als hier beschrieben. Tatsache ist, dass der Abschnitt im GG über das Finanzwesen mehr Text hat als die Grundrechte!
Das Etatrecht ist aber nicht Ausdruck bürokratischer Nickeligkeit oder

eine unbeachtliche Detailregelung des GG. Das **Etatrecht des Parlaments** ist in der Geschichte der Neuzeit der Ausgangspunkt für die Aufteilung der weltlichen Obrigkeit (Könige, Fürsten) in Legislative und Exekutive. Als die Etatbefugnis noch in der Hand eines Königs lag, musste er nur in die Schatztruhe schauen und wusste, ob er sich auch dieses Jahr einen Krieg gegen seine Nachbarn leisten konnte. Als das Etatrecht dann zunächst auf ständische Vertretungen (der Aristokratie) und dann auf (bürgerliche) Parlamente überging, musste der König immer erst fragen, ob man ihm denn den Krieg finanzieren wolle. Deshalb nennt man das Etatrecht auch das Königsrecht.

Ergänzung: Der Bundestag ist bereit, dem Gesetzentwurf der Bundesregierung für das Förderprogramm zu verabschieden, wenn alle Bürger die Lasten tragen. Auch der Bundesrat stimmt zu. Die Bevölkerung ist empört, weil die gesamte steuerliche Belastung schon so hoch ist. Die Presse weist darauf hin, dass Bund und Länder ohnehin jedes Jahr mehr ausgeben als sie einnehmen. Das könne auf Dauer nicht gut gehen, weil auch die Wirtschaft zur Zeit am Boden liege.

Darf der Staat
a) endlos Steuern erheben,
b) Touristen aus den anderen EU-Staaten zur Finanzierung des Beschäftigungsprogramms verpflichten und
c) mehr ausgeben, als er einnimmt?

Die Frage zu a) betrifft die Steuerlast der Bürger und Unternehmen. Steuern sind finanzielle Opfer und stehen im Spannungsverhältnis zum Einkommen, Vermögen und Eigentum der Bürger und Unternehmen. Das wiederum betrifft den Eigentumsschutz aus Art. 14 GG. Lesen Sie hierzu in der Lektion 12 nach.

Die Frage b) betrifft den Grundsatz der Gleichbehandlung aus Art. 3 GG. Welchen Anlass und damit sachlichen Grund liefern Touristen für die Pflicht, eine Extra-Abgabe zu zahlen, wenn sie den Kölner Dom besichtigen? Antwort: gar keinen. Neben Art. 3 GG gibt es auch verbindliche völkerrechtliche Vorgaben, die z. B. eine diskriminierende Besteuerung von Staatsangehörigen aus anderen EU-Ländern verbietet. Näheres hierzu in der Lektion 11 zum Thema EU-Grundfreiheiten.

Die Antwort auf die Frage zu c) verlangt, dass wir die staatlichen Ausgaben und die gesamtwirtschaftliche Situation in der Bundesrepublik gemeinsam betrachten.
Wir wissen, was uns privat passiert, wenn wir ständig über unsere Verhältnisse leben. Zuerst werden die Dispositionskredite auf dem Girokonto und der Kreditkarte ausgeschöpft und dann sind wir pleite. Und der Staat? Auch Bund, Länder und Kommunen nehmen Kredite auf, um die Lücke zwischen Einnahmen und Ausgaben zu schließen. Das können sie auch dauernd so machen, wenn -in groben Zügen- eine wesentliche Voraussetzung erfüllt ist: die volkswirtschaftliche Gesamtleistung muss wachsen. Wenn der Wert der im Inland produzierten Waren und der erbrachten Dienstleistungen sowie das Ergebnis des Handels in den nächsten Jahren zunehmen, dann kann man es sich auch leisten, im Vorgriff auf diese wachsende gesamtwirtschaftliche Entwicklung (Konjunktur) Kredite aufzunehmen. Das machen wir im privaten Bereich doch auch, wenn z. B. eine Familie ein Haus finanziert und darauf hofft, dass das Familieneinkommen steigen wird. Art. 115 Abs. 1 Satz 2 Halbsatz 1 GG nennt dafür eine haushaltsrechtliche Kennziffer: Die Kredite des Staates muss im Verhältnis stehen zu seinen Investitionen.

Staat und Bürger hoffen natürlich auch, dass die Inflation einen Teil der Schuldenlast von alleine verringert. Doch diese Hoffnung ist meist unbegründet, weil die von den Regierungen unabhängige Europäische Zentralbank (EZB) für die Stabilität der Währung Euro verantwortlich ist.

Bund und Länder haben bei der Kreditaufnahme und anderen finanzpolitischen Maßnahmen die Erfordernisse des gesamtwirtschaftlichen Gleichgewichts zu beachten. Hierfür gibt es eine gesetzliche Formel, die heutzutage wie ein Märchen aus besseren Tagen klingt: Marktwirtschaft, Preisstabilität, Vollbeschäftigung und Wachstum. Wenn die Wirtschaft nicht brummt, sind höhere Schulden schon wegen der Stabilität der gemeinsamen europäischen Währung nicht zulässig.
Dennoch lässt Art. 115 Abs. 1 Satz 2 Halbsatz 2 GG zu, dass zur Abwehr einer Störung des gesamtwirtschaftlichen Gleichgewichts mehr Kredite aufgenommen werden. Es ist ja nichts Neues, dass die Konjunktur schwankt. Diese Ausnahme wird von der ökonomischen Erkenntnis genährt, dass ja auch der Staat mit seinen Aufträgen (Bauvorhaben, Wirtschaftförderung) in der Lage ist, die Wirtschaft anzukurbeln. Gerade in wirtschaftlich schwierigen Zeiten kann es sinnvoll sein, ge-

gen den konjunkturellen Trend (antizyklisch) Geld für Investitionen bereit zu stellen und dafür höhere Kredite aufzunehmen.

# II. Grundrechte: Menschen- und Bürgerrechte (Und wo bleibt de Mensch?)

## 5. Lektion Grundrechte - Einleitung

### Wo bleibt der Mensch?

#### Fall 14

Sie haben das Kapitel über das Staatsrecht gelesen und gehen nun zur Entspannung im Zoo spazieren. Sie fragen sich, wofür der Mensch dieses ganze Theater mit dem Staat und seiner Organisation veranstaltet. Die Tiere leben doch auch friedlich und einträchtig miteinander, ohne sich den Kopf über Demokratie, Gewaltenteilung und Volkssouveränität zu zerbrechen.

Kommt der Mensch denn nicht ohne das ganze Gerede über den republikanischen, demokratischen und sozialen Rechtsstaat aus?

Im Paradies vielleicht ja. In der Realität nein. Ein Zustand ohne verbindliche Regelungen für das Leben in einer menschlichen Gemeinschaft (Anarchie) ist nicht denkbar, weil Milch und Honig nicht im Überfluss vorhanden sind. Insoweit wird jedem Menschen das Recht auf Selbsterhaltung zugebilligt. Jeder Mensch versucht, seine individuellen Interessen durchzusetzen, häufig auf Kosten seiner Mitmenschen. Hierzu gibt es das berühmte Zitat von Thomas Hobbes, einem englischen Staatsphilosophen (1588 bis 1679): homo homini lupus est (Der Mensch ist dem Menschen ein Wolf). Damit im täglichen Kampf die Schwächeren nicht zu Schaden kommen, zieht der Staat Grenzen; das sind Gesetze, die Verbote und Gebote aussprechen. Im Zoo ist das der Käfig für die Wölfe, damit diese Raubtiere nicht auf die Idee kommen, sonntags im Gehege der Rehe zu brunchen.
Abwandlung: Wenn es nur um einen Ausgleich der Interessen zwischen den Menschen geht, dann würde es doch ausreichen, wenn das Staatsoberhaupt in einem autoritären Staat ohne Parlament (Diktatur) feste Regeln aufstellt, an die sich alle Menschen halten müssen.

Stimmt das?

Nein, jede staatliche Regelung (Verbote oder Gebote) greift in die Lebenslage einzelner Menschen ein. Die Geschichte hat gezeigt, dass es auf Dauer dabei nur dann gerecht zugeht, wenn der Staat die betroffenen Menschen nicht als Statisten ansieht, deren individuelle Interessen den Belangen der Masse geopfert werden (Kollektivismus). Kennzeichen eines demokratischen Rechtsstaates ist es, dass der Staat den einzelnen Menschen in den Mittelpunkt stellt und ihm die Möglichkeit der Teilhabe und Kontrolle staatlicher Entscheidungen gibt. Demokratie impliziert eine Ausrichtung des Staates am Gemeinwohl.
Die Organisation des Staates ist deshalb kein zweckfreies Gedankenspiel just for fun. Das ganze „Theater“ mit der Republik, der Demokratie und dem sozialen Rechtsstaat wird nur veranstaltet für die Menschen, die in dem Staatsgebiet leben. Und dabei spielt es keine Rolle, ob der einzelne Mensch hier geboren ist oder nicht, hier dauerhaft lebt oder nicht.

Die Idee eines demokratischen Rechtstaates ist untrennbar verbunden mit der Aufgabe des Staates, den einzelnen Menschen (das Individuum) zu respektieren und seine, ihm von Geburt gegebenen und unverzichtbaren Grundfreiheiten zu schützen.

Deshalb haben alle Verfassungen von Demokratien immer ein Kapitel über die Organisation des Staates und ein Kapitel über den Schutz der Rechte seiner Bürger. Das Kapitel über die Gewährung der so genannten Grundrechte ist erforderlich, um schwarz auf weiß festzuschreiben, dass der Staat und seine Organe verpflichtet sind, die Grundlagen jedes Menschen in einer bürgerlichen Gesellschaft zu schützen. Das sind im Wesentlichen: Familie, Bildung, Eigentum, Recht und Freiheit. Die Reihenfolge der Rechtsgüter ist austauschbar und die Liste kann auch ergänzt, aber nicht gekürzt werden!

Sollten Sie, werte Leserin, werter Leser dieses Buches, ein Unbehagen empfinden bei den Begriffen „Individualität“ und „Bürgerliche Gesellschaft“, dann empfehlen die Autoren einen weiteren Besuch im Zoo. Stellen Sie sich vor das Gehege der Schimpansen, Orang-Utans und Gorillas und lesen Sie ihnen die obige Liste zu den Grundlagen der bürger-

lichen Gesellschaft vor. Vergleichen Sie nun ihre Lage mit der Lage der Lebewesen im Käfig. Den Unterschied nennen wir Zivilisation und er beruht darauf, dass der Staat (bei den Primaten im Zoo ist das der Tierpfleger) uns als Menschen, d. h. als Rechtssubjekt und Träger von Rechten zu respektieren hat.
Zudem ist die Demokratie mit einem umfassenden Schutz der Grundrechte - historisch betrachtet - das einzig bewährte Gesellschafts- und Staatsmodell, um ein friedliches Zusammenleben in dem Land und der Völker untereinander dauerhaft zu gewährleisten. Dazu sind wir nach der Präambel des GG verpflichtet. Demokratie und Grundrechte sind mühsam und erfordern Kraft, Beharrlichkeit und Toleranz. Sie sind aber auch ein Standortvorteil und ein Exportschlager.

## Leitsatz 8

**Rolle der Grundrechte**

Die Grundrechte sind das Tafelsilber des GG. Sie dienen dem Bürger zur Abwehr staatlicher Übergriffe auf seine Freiheitsrechte (**Abwehrrechte**) und gewähren Gleichheit vor dem Gesetz sowie Rechtsschutz. Der Schutz der Grundrechte ist die eigentliche Aufgabe des demokratisches Rechtsstaates. Deshalb beginnt die deutsche Verfassung mit 19 Artikeln zu den Grundrechten.

Und nun zum Tafelsilber des GG.

## Menschen und (Staats-)Bürger

### Fall 15

Einige Schülerinnen und Schüler der Klasse 9a rauchen auf dem Schulhof. Das ist nach der Schulordnung nicht erlaubt. Der Hausmeister erwischt die Raucher und verteilt großzügig Watschen und sperrt einzelne Schüler in der Toilette ein. Die selbstbewussten Schülerinnen und Schüler beschweren sich unter Berufung auf ihr Recht auf körperliche Unversehrtheit und auf Freiheit. Die Antwort des Hausmeisters an die Schüler lautet: „Ihr habt keine Rechte, erst recht keine Grundrechte, weil ihr Kinder seid. Und der Achmed (ein betroffener Schüler) hat sowieso keine Rechte, weil seine Eltern aus Bangladesch stammen!“

Wie ist die Rechtslage?

Die Antwort ist ziemlich eindeutig. Art. 2 Abs. 2 GG lautet: Jeder hat das Recht auf Leben und körperliche Unversehrtheit. Die Freiheit der Person ist unverletzlich. Die derben Handlungen des Hausmeisters greifen objektiv in diese Grundrechtspositionen der betroffenen Schüler ein. Jetzt stellt sich noch die Frage, ob „Jeder" im Sinne des Art. 2 Abs. 2 GG auch Kinder und Ausländer meint. Minderjährige, also Menschen, die noch nicht das 18. Lebensjahr vollendet haben (§ 2 BGB), werden vom GG genauso geschützt wie die Erwachsenen. Es spielt dabei keine Rolle, dass die Eltern das Sorgerecht und die Sorgepflicht haben. Kinder sind also auch Träger von Grundrechten; sie sind grundrechtsfähig. Dasselbe gilt für Achmed, weil Art. 2 GG nicht danach unterscheidet, welche Staatsangehörigkeit die betroffene Person hat. Der Geltungsbereich des Grundrechtes ist also objektiv und subjektiv betroffen.

## Übersicht 8: Träger von Grundrechten

Grundrechte sind in erster Linie Abwehrrechte gegen Übergriffe des Staates und seiner Organe.

| | | |
|---|---|---|
| Träger von Grundrechten | Grundrechtsfähig sind alle Menschen (natürliche Personen) unabhängig vom Alter und Staatsangehörigkeit. | |
| | Unternehmen (insbesondere: juristische Personen) sind ebenfalls grundrechtsfähig; Art. 19 Abs. 3 GG. | |
| | | Beispiele: |
| **Menschenrechte** | Grundrechte, auf die sich jeder Mensch berufen kann, ohne Rücksicht auf seine Staatsangehörigkeit. Sie werden auch Freiheitsrechte genannt | Art. 1 GG (Würde des Menschen), Art. 2 GG (Recht auf persönliche Entfaltung, Recht auf körperliche Unversehrtheit, Recht auf Freiheit), Art. 3 (Verbot staatlicher Willkür), Art. 5 (Meinungsfreiheit). |

| | | |
|---|---|---|
| **Bürgerrechte** | Grundrechte, auf die sich nur Personen mit deuscher Staatsangehörigkeit berufen können. Die deutsche Staatsangehörigkeit erwirbt man enweder durch Geburt oder durch Einbürgerung, (Einzelheiten siehe Lektion 1) Sie werden deshalb auch Staatsbürgerrechte genannt. | Art. 8 (Versammlungs freiheit), Art. 9 (Vereinigungs- und Koalitionsfreiheit), Art. 33 (Zugang zu staatlichen Ämtern). |

## Wie werden Grundrechte geschützt?

Durch den Verfassungsschutz? Nein, Scherz beiseite. Das ist eine gute Frage, weil der beste Katalog mit Grundrechten nichts nützt, wenn die Menschen ihre Freiheitsrechte nicht effektiv ausleben können und sie nicht vor unzulässigen Eingriffen des Staates geschützt werden. Das Grundgesetz hat einige Instrumente für den Schutz der Grundrechte gleich mit eingebaut.

Ergänzung: Der radikale Hausmeister aus dem vorherigen Fall sagt, er dürfe Leute einsperren und Schüler schlagen, weil er Beamter sei.

Stimmt das?

Nein. Das Ergebnis ist näher zu begründen.
Bei allen Vorgängen, bei denen Grundrechte betroffen sein können, gibt es auf dem Weg zur juristischen Lösung zwei zentrale Fragen:

1. Liegt ein hoheitlicher Eingriff in die Grundrechte vor?
2. Ist der Eingriff gerechtfertigt?

Diese Fragen sollte man sich merken beim Lesen der einzelnen Artikel des GG, weil sie ein verlässliches Schema sind für die Auslegung und damit für das Verstehen von Grundrechtsnormen.

Zu. 1.:

> Ein hoheitlicher Eingriff liegt immer dann vor, wenn der Staat oder seine Organe in Ausübung hoheitlicher Befugnisse die geschützte Rechtsposition eines Menschen nicht unwesentlich beeinträchtigen.

Maßgeblich ist, dass der Staat oder seine Organe den Eingriff verüben. Bei der Legislative kann das ein Gesetz sein, dass Grundrechte verletzt. Bei der Exekutive können das Verwaltungsakte sein (Steuerbescheide, Versagung von Arbeitslosenunterstützung o. ä.) oder Realakte (Abschleppen eines falsch geparkten PKW, Einsatz des Schlagstocks durch einen Polizisten). Auch die Rechtsprechung kann Grundrechte verletzten, wenn ein Urteil die geschützte Rechtsposition einer Partei oder eines Verurteilten missachtet. Ausnahmsweise kann auch eine private Person die Grundrechte eines anderen Menschen verletzten (siehe Lektion 7 zum Thema Drittwirkung).
Hier hat der Staat in Person seines beamteten Hausmeisters gehandelt und dabei in die Grundrechte der betroffenen Schülerinnen und Schüler aus Art. 2 Abs. 2 GG eingegriffen. Der Grundrechtsbeeinträchtigung war auch erheblich. Eine Ohrfeige fügt dem betroffenen Menschen Schmerzen zu, ist als Körperverletzung strafbar (§ 223 StGB) und zudem (selbst als Erziehungsmaßnahme) entwürdigend. Das Einsperren in der Toilette ist eine Verletzung des Rechts auf Freiheit, zumindest wenn das Einsperren länger als ein Vater-Unser dauert.

Zu 2.:

> Eine Grundrechtseinschränkung ist ausnahmsweise zulässig, wenn sie gerechtfertigt ist.
> Ein Eingriff in Grundrechte ist gerechtfertigt, wenn es im GG eine **gesetzliche Grundlage** für den Eingriff gibt und wenn die im Gesetz aufgestellten Voraussetzungen erfüllt sind (**Vorbehalt des Gesetzes**). Grundsätzlich sind die staatlichen Organe an die Gesetze gebunden; d. h., dass geltende Gesetze anzuwenden sind (**Vorrang des Gesetzes**).

Nach Art. 2 Abs. 2 Satz 3 GG darf in das Grundrecht auf körperliche Unversehrtheit sowie in das Grundrecht auf Freiheit nur auf Grund eines Gesetzes eingegriffen werden. Ein solches Gesetz für das Handeln des Hausmeisters gibt es nicht. Die Grundrechtsverletzungen durch den Hausmeister sind nicht gerechtfertigt.

Der Vorbehalt des Gesetzes ist ein Voraussetzung, um in Grundrechte ausnahmsweise eingreifen zu können. Schließlich muss der Staat in der Lage sein, dem Recht Geltung zu verschaffen. Deshalb haben z. B. Polizisten eine gesetzliche Grundlage, um Hooligans am Betreten des Fußballstadions zu hindern und um Straftäter vorläufig festzunehmen.

## Übersicht 9: Eingriff in Grundrechte und Rechtfertigung

| | |
|---|---|
| Eingriff in Grundrechte | Liegt vor, wenn der Staat oder seine Organe in Ausübung hoheitlicher Befugnisse die geschützte Rechtsposition eines Menschen nicht unwesentlich beeinträchtigen (**öffentliche Gewalt**). Ein solcher Eingriff kann durch die Legislative, die Exekutive oder die Justiz erfolgen. |
| Rechtfertigung | Grundrechtseingriffe können gerechtfertigt sein. |
| Vorbehalt des Gesetzes | Eingriffe in ein Grundrecht bedürfen immer einer gesetzlichen Grundlage. Diese Ermächtigung muss im GG selbst stehen. |
| Vorrang des Gesetzes | Die staatlichen Organe sind an geltende Gesetze gebunden; es besteht die Pflicht, diese Gesetze anzuwenden bzw. nicht hiervon abzuweichen. |
| verfassungsimmenente Grenzen | Ausnahmsweise kann in Grundrechte auch ohne Gesetzesvorbehalt eingegriffen werden, wenn es zu einer Kollision von Grundrechten |

| | |
|---|---|
| | kommt: Ein Mensch übt sein Grundrecht auf freie Entfaltung der Persönlichkeit aus und verletzt dabei die ebenfalls geschützten Grundrechte eines anderen Menschen; vgl. Art. 2 Abs. 1 GG. |
| Verbot von Einzelfallgesetzen | Das Gesetz, mit dem ein Grundrecht eingeschränkt wird, muss allgemein und nicht nur für den Einzelfall gelten; Art. 19 Abs. 1 GG. |
| Grundsatz der Verhältnismäßigkeit | Auch bei Vorliegen einer gesetzlichen Grundlage für einen Grundrechtseingriff, muss die konkrete Maßnahme verhältnismäßig sein. **Übermaßverbot**: Nicht mit Kanonen auf Spatzen schießen.<br>Die staatliche Maßnahme muss a) notwendig, b) geeignet und c) verhältnismäßig sein.<br>Einzelheiten in Lektion 10 |
| Wesensgehalt | Soweit ein Grundrecht auf Grund eines Gesetzes eingeschränkt werden kann, darf das Grundrecht in keinem Fall in seinem Wesensgehalt angetastet werden (Art. 19 Abs. 2 GG: **Schutz des Kernbereichs**). |
| Unveräußerlichkeit, Verwirkung Rechtsschutz | Grundrechte können nicht entzogen werden. Eine begrenzte Verwirkung kann nur das BVerfG aussprechen; Art. 18 GG.<br>Wird jemand durch die öffentliche Gewalt in seinen Rechten verletzt, so steht ihm der **Rechtsweg** offen; Art. 19 Abs. 4 GG. Zum Schutz der Grundrechte und der verfassungsmäßigen Ordnung durch die Rechtsprechung siehe III. Kapitel. |

| | |
|---|---|
| Selbstbindung | Die staatlichen Organe müssen bei ihrer Tätigkeit die Grundrechte der jeweils von ihren Maßnahmen betroffenen Menschen beachten; Art. 1 Abs. 3, 20 Abs. 3 und 97 Abs. 1 GG. |

Aus den Prinzipien zum Vorrang und zum Vorbehalt des Gesetzes wird die demokratische Legitimation staatlichen Handelns geschöpft. Der Grundsatz der Selbstbindung der öffentlichen Gewalt und der Rechtsschutz durch gerichtliche Kontrolle verdeutlicht den Stellenwert des Menschen in der Werteordnung und sein Verhältnis zum Staat. Mehr zum Rechtsschutz in Kapitel III.

## Werden Menschen- und Grundrechte nur vom GG geschützt?

Ergänzung: Zu Hause erzählt Achmed seinen Eltern von den Übergriffen des Hausmeisters gegen die rauchenden Schüler. Die Eltern und Verwandten sind empört. Sie reden plötzlich alle durcheinander und benennen jeweils unterschiedliche Rechtsquellen, nach denen die Freiheit des Menschen geschützt ist. Der Vater holt das Buch, das er bei der Einbürgerung geschenkt bekommen hat: Art. 102 der Verfassung des Freistaates Bayern (1946). Achmeds Bruder nennt als Quelle Art. 5 der Europäische Menschenrechtskonvention (1950) und Achmeds Onkel beruft sich auf die UN-Menschenrechts-Charta (1948).

Wer hat Recht?

Alle haben Recht. Grundrechte sind keine Erfindung der Bundesrepublik Deutschland. Sie wurden weder erst 1949 erfunden, geschweige denn in Deutschland. So gab es in den zuvor seit 1945 gegründeten Ländern Verfassungen, die das Recht auf Freiheit garantierten. Diese Verfassungen der Länder haben ihrerseits den jeweiligen Grundrechtskatalog im Wesentlichen abgeschrieben aus anderen historischen Quellen: Die amerikanische Unabhängigkeitserklärung (mit dem bill of rights, 1787), die Deklaration der Menschen- und Bürgerrechte in der französischen Revolution (1789).
Außerdem gibt es auch im Völkerrecht Quellen für Menschenrechte. Staaten können in Organisationen zusammenarbeiten und untereinander vertraglich vereinbaren, dass ihren jeweiligen Bürgern Grundrechte

zukommen. Hierauf kann sich jeder Bürger dann unmittelbar gegenüber seinem Staat berufen. Solche Organisationen sind u.a. die UNO und die EU.

### Übersicht 10: Rechtsquellen für Grundrechte (Menschen- und Bürgerrechte)

Die einzelnen Rechtsquellen überschneiden sich teilweise und ergänzen einander:

| | |
|---|---|
| GG | Art. 1 bis 19, 92 bis 104 Grundgesetz der Bundesrepublik Deutschland |
| Verfassungen der Bundesländer | Die **verfassungsmäßige Ordnung in den Ländern** muss den Grundsätzen des republikanischen, demokratischen und sozialen Rechtsstaates im Sinne dieses Grundgesetzes entsprechen; Art. 28 Abs. 1 GG. Bundesrecht bricht Landesrecht; Art. 31 GG. |
| UN-Charta | Menschenrechtserklärung der Vereinten Nationen (1948). |
| EMRK | Konvention zum Schutze der Menschenrechte und Grundfreiheiten (1950). |
| EU-Verfassung | Charta der Grundrechte der Europäischen Union (2000, noch nicht in Kraft getreten). |

## 6. Lektion Art. 1, 2 Würde, Freiheit, Leben

### Art. 1 Würde des Menschen

#### Fall 16

Rudi ist ein friedlicher Bürger, leider ist er obdachlos. Seit mehreren Jahren hält er sich in der Nähe des Regierungsviertels in Berlin auf und schläft nachts unter einer Brücke der Spree, auch im Winter. Rudi hat von seiner Erwerbsunfähigkeitsrente ein Biwakzelt, einen Arktis-

Schlafsack und eine Polar-Isomatte gekauft. Als das Thermometer unter 15 Grad Kälte sinkt, kommt die Polizei und möchte Rudi mitnehmen, damit er in einem beheizten Gebäude übernachten kann. Rudi möchte das aber nicht und beteuert, dass er freiwillig draußen übernachte. Zudem sei er besser ausgerüstet als Reinhold Messmer am Himalaja. Die Polizisten sehen das anders und drohen Rudi: „Sie kommen jetzt mit, weil dieser Zustand menschenunwürdig ist. Wir leben in einem Sozialstaat. Als Polizei müssen wir Ihnen in Notlagen helfen, auch gegen Ihren Willen!"

Wie ist die Rechtslage?

Rudi hat recht; er kann bleiben, wo er ist.

Es gibt in der Bundesrepublik Deutschland weder die Pflicht, einen festen Wohnsitz zu haben, noch, in einem Gebäude zu übernachten. Da die Polizisten die Begriffe „Würde des Menschen" für die Beschreibung der Situation verwenden und auf den Sozialstaat verweisen, um Rudi zwangsweise mitzunehmen, müssen wir uns diese Begriffe etwas genauer ansehen.

## Leitsatz 9

!

### Würde des Menschen

Nach Art. 1 Abs. 1 GG ist die Würde des Menschen unantastbar. Dieses Grundrecht ist ein Abwehrrecht gegen staatliche Maßnahmen. Die Würde des Menschen ist verletzt, wenn der Staat den einzelnen Menschen nicht als Individuum ansieht, sondern als bloßes Objekt. Die Unantastbarkeit der Würde des Menschen bedeutet, dass der Staat und seine Organe, die **Einzigartigkeit jedes einzelnen Menschen** und seine ihm von Natur aus angeborenen und **unveräußerlichen Rechte** (u. a. auf Selbstbestimmung, Leben und Freiheit) respektieren muss. Nach Art. 1 Abs. 3 müssen sich Gesetzgeber, Exekutive und die Justiz daran halten (Selbstbindung).
Das GG ist nicht nur ein Katalog mit Grundrechten, die der einzelne Menschen gegen den Staat durchsetzen kann. Das GG ist auch eine **objektive Werteordnung**. Die Kernaussage lautet: Der Mensch steht im Mittelpunkt, nicht der Staat.

Ergänzung: Die Polizisten verstehen die Welt nicht mehr. Sie wollen doch nur helfen!

In welchem Verhältnis steht die Würde des Menschen zum Verfassungsprinzip des Sozialstaats?

**Sozialstaatlichkeit** im Sinne des Art. 20 Abs. 1 GG bedeutet, dass der Staat verpflichtet ist, jedem bedürftigen Menschen die Mittel zur Verfügung zu stellen, die er für seine Existenz benötigt. Gerade diese staatliche Pflicht zur **Daseinsvorsorge** in Form einer Grundsicherung ermöglicht es jedem einzelnen Menschen, ein Leben in Würde zu ermöglichen. Da aber Rudi bestens ausgerüstet ist, besteht keine Hilfsbedürftigkeit. Selbst wenn die Hilfsbedürftigkeit vorliegen würde, kann der Staat, hier in Person der Polizei, aber niemanden zu seinem Glück zwingen. Wenn Rudi die Hilfe abgelehnt, muss der Staat das respektieren wegen Art. 1 Abs. 1 GG. Denn jede Zwangsmaßnahme gegen den freien Willen eines Menschen wäre Willkür und verletzte die Würde des Menschen.

> Die Würde des Menschen beinhaltet auch das Recht jedes Menschen, nach seinen Vorstellungen zu leben und frei zu entscheiden. Diese Idee der individuellen Selbstbestimmung (allgemeinen Handlungsfreiheit) wird in Art. 2 Abs. 1 GG näher beschrieben.

Abwandlung: Kann die Polizei denn niemals eine hilfsbedürftige Person mit Zwang Hilfe zukommen lassen?

Doch, Grundrechtseingriffe sind auf der Grundlage eines Gesetzes in engen Grenzen möglich, wenn der Grundrechtsartikel das vorsieht. Ist ein Mensch aufgrund seines Alters, einer Krankheit oder eines Gebrechens nicht in der Lage, geleitet von seinem freien Willen zu entscheiden, dann wäre die Weigerung dieses Menschen, die Hilfe trotz Bedürftigkeit abzulehnen, für die Polizei unbeachtlich. Dann greift die Verpflichtung der Polizei, zu helfen.
Das ist auch eine Form, wie der Staat die Würde des Menschen beachtet, indem er dessen Lebensgrundlagen erhält. **Selbstbestimmung** über sich selbst setzt **Willensfreiheit** voraus.

In unserem Fall werden die Polizisten deshalb sehr genau prüfen, ob Rudi tatsächlich seine Kräfte und die Wetterlage richtig einschätzen kann. Unbeachtlich wäre die Weigerung des Rudi z. B., wenn er durch den Genuss alkoholischer Getränke in der Wahrnehmung seiner Umwelt getrübt ist oder wenn der Schlafsack kaputt ist. Dann müsste Rudi wohl auch gegen seinen Willen mit der Polizei die Wärmestube aufsuchen.

Der vorstehende Fall soll das juristische Spannungsverhältnis zwischen dem **Abwehrrecht** eines Menschen gegen den Staat und dem programmatischen **Staatsziel** eines Sozialstaates beschreiben. Das Fallbeispiel soll, wie alle anderen Fälle auch, nichts beschönigen oder verharmlosen. Die Realität sieht anders aus. Hunderttausende Menschen leben in Deutschland ohne Dach über dem Kopf, und häufig nicht freiwillig. Realität ist auch, dass jeden Winter obdachlose Menschen erfrieren.

## Fall 17

Die Innenminister der Länder bringen im Bundesrat einen Gesetzentwurf ein, nach dem Personen, die ihre Erscheinung das ästhetische Bild der Innenstädte stören oder die das Ansehen der Bundesrepublik bei Staatsgästen und Touristen beeinträchtigen können, vorübergehend und zwangsweise auf die Insel Helgoland gebracht werden dürfen. Um Ärger mit diesen Personen zu vermeiden, werden sie im Gesetz als die „Gesetzlosen" bezeichnet und Helgoland wird zur rechtsfreien Zone erklärt. Im Sommer soll in Berlin eine Konferenz der Staatschefs der 20 wichtigsten Wirtschaftsnationen der Welt stattfinden. Kurz vor dem Termin wird Rudi von der Polizei aufgegriffen und nach Helgoland verschleppt. Rudi verlangt, dass er einem Richter vorgeführt wird und dass sein Bruder in München in Kenntnis gesetzt wird über die Inhaftierung; hierbei beruft er sich auf seine Grundrechte. Der Wachmann glotzt Rudi verständnislos an: Warum Rudi sich so aufrege, fragt er. Wetter und Essen seien doch prima, Urlaub auf Staatskosten! Da Rudi aber ein Gesetzloser sei, habe er keine Grundrechte.

Wie ist die Rechtslage?

Es steht Ihnen frei, jetzt Parallelen zu den Aktivitäten von Geheimdiensten zum Zweck der Bekämpfung des internationalen Terrorismus zu ziehen, bei denen es um die Bekämpfung von Straftaten und um die

Erhaltung demokratischer Staaten geht. Sie sollten aber auch weiter denken und die historischen Parallelen in Deutschland berücksichtigen. Die Regierung der Nationalsozialisten (1933-45) ist der unrühmliche Erfinder, mit juristischen Tricks Teile der Bevölkerung als „Gesetzlose" auszugrenzen und diese Personen dann ohne Wahrung der Menschenrechte in Lager zu deportieren. Hier liegt der juristische Kern des Falls.
Art. 1 GG lässt es nicht zu, dass Menschen aus „ästhetischen Gründen" von der Polizei aus dem Stadtbild entfernt werden. Ferner verstößt die Inhaftierung ohne Entscheidung durch einen Richter und ohne Benachrichtigung der Angehörigen gegen Rudi's Rechte aus Art. 104 GG; siehe Lektion 14.

Art. 1 Abs. 2 GG besagt, dass Menschenrechte unverletzlich und unveräußerlich sind. Ihre Wahrung ist die Grundlage jeder menschlichen Gemeinschaft, des Friedens und der Gerechtigkeit weltweit.

Unter dem GG gibt es **keinen rechtsfreien Raum**, der es dem Staat ermöglicht, Menschen außerhalb der Rechtsordnung zu stellen.
Art. 1 Abs. 2 GG stellt die Gleichung auf: Rudi = Mensch = Grundrechte. So einfach ist das.

Ergänzung: Muss denn der Staat tatenlos zusehen, wenn ein Mensch die Freiheiten missbraucht, um die freiheitlich demokratische Grundordnung zu bekämpfen?

Nein, nach Art. 18 GG kann nur das BVerfG in einem Verfahren feststellen, dass dieser Mensch bestimmte besondere Freiheitsrechte verwirkt, die er zum Kampf missbraucht hat. Die Würde, das allgemeine Persönlichkeitsrecht, die Gleichheit vor dem Gesetz und der Rechtsschutz bleiben bestehen.

## Fall 18

Frau Meyer liebt Krimis. Um ihren Lesehunger zu stillen, geht sie jede Woche in die Stadtbücherei. Das gesamte Gebäude wird mit Videokameras überwacht, auch die Toiletten. Beim Ausleihen von Büchern werden der Name des Benutzers und der Buchtitel elektronisch erfasst. Diese Daten stellt die Stadtbücherei auf Anfrage auch anderen Behörden und der Polizei zur Verfügung.

Sind Videoüberwachung und Datenerfassung mit dem GG vereinbar?

Wenn Sie als Leser jetzt an Datenschutz denken, liegen Sie mit der juristischen Bewertung des Falles ganz gut. Versuchen wir, den Fall im Lichte des GG zu lesen.

Art. 1 und Art. 2 Abs. 1 GG bilden die Grundlage für das **allgemeine Persönlichkeitsrecht**. Dieses beinhaltet u.a. auch das Recht auf individuelle Selbstbestimmung und auf Achtung der Intimsphäre.

Die Überwachung des öffentlichen Gebäudes mittels Videokameras wird grundsätzlich hinzunehmen sein, um Vandalismus und Missbrauch zu vermeiden. Das Recht auf **individuelle Selbstbestimmung** verlangt aber, dass die Benutzer beim Betreten des Gebäudes auf die Überwachung hingewiesen werden.
Absolut tabu ist die Videokamera in den Toiletten, weil es um die **Intimsphäre** des Menschen geht. Das verletzt offensichtlich die Würde des Menschen.
Etwas schwieriger ist es, die Sache mit der Erfassung und Verwendung von Daten juristisch zu bewerten. Der Begriff des Datenschutzes umschreibt alle gesetzlichen Vorschriften, die wegen des Grundsatzes eines Gesetzesvorbehaltes notwendig sind, um personenbezogen Daten zu erheben und zu verwenden; zum Gesetzesvorbehalt siehe vorherige Lektion.

Das Recht des einzelnen Menschen, über die Preisgabe und Verwendung seiner persönlichen Daten selbst zu bestimmen (**Informationelles Selbstbestimmungsrecht**), wird durch Art. 1 in Verbindung mit Art. 2 Abs. 1 GG garantiert. Entsprechende Vorschriften gibt es in den Verfassungen einzelner Bundesländer.

Wir unterstellen, dass es im Bundesland und in der Stadt von Frau Meyer eine datenschutzrechtliche Vorschrift gibt, die es erlaubt, personenbezogene Daten in öffentlichen Bibliotheken zu erheben. Das ist jedoch nur zulässig, soweit es für die Verwaltung (Ausleihe, Abrechnung) erforderlich ist. Die Weitergabe an andere Behörden oder gar die Polizei ist von dem Zweck der Datenerfassung und -verwendung nicht gedeckt. Die Polizei darf aus den Daten der Bibliothek kein Leserprofil von Frau Meyer erstellen. Zulässig kann es aber sein, die Daten für statistische Zwecke weiterzugeben. Statistische Auswertungen sind erforderlich, damit die Stadtbücherei planen kann: Werden mehr Krimis oder mehr Reiseführer ausgeliehen? Bedingung für die statistische Auswertung ist jedoch die **Anonymisierung** der Daten. Das Recht auf informationelle Selbstbestimmung beinhaltet auch das Recht auf Information, welche Daten erfasst sind. Ein ähnliches Thema ist die Frage, ob ein Recht auf Akteneinsicht besteht.

Ergänzung: Frau Meyer hat Krimis in einem Online-Buch-Club ausgeliehen.

Darf der Betreiber einer privaten Bücherei personenbezogene Daten erheben und an Dritte für Werbezwecke weitergeben?

Auch das ist eine Frage zu Art. 1 GG, weil es keinen Unterschied macht, ob der Bürgermeister die Daten sammelt oder eine private Person für private Zwecke. Deshalb müssen auch private Gewerbetreibende das informationelle Selbstbestimmungsrecht beachten. An die Stelle einer gesetzlichen Ermächtigung zur Datenerhebung steht die Einwilligung des Kunden. Vom Umfang der Einwilligung hängt es ab, ob die Daten des Kunden für andere Zwecke (Newsletter, Werbung) weiterverwendet werden dürfen oder nicht.

## Art. 2 Persönliche Freiheit, Leben und Unversehrtheit

### Fall 19

Herr Lehmann, geboren 1949 in Chemnitz (zwischendurch hieß die Stadt Karl-Marx-Stadt) ist seit 1994 arbeitslos. Er lebt von der Unterstützung der Stadt. Wegen seines Alters und des starken Rheumas hat er keine Chance, einen neuen Arbeitsplatz zu finden. Er sucht das Bürgeramt der Stadt auf, um die Befreiung von den Rundfunkgebühren zu beantragen. Im Wartezimmer liegt ein Text des GG. Er liest in Art. 20 Abs. 1 etwas über Demokratie, Rechtsstaat und Sozialstaat. Dann liest er den Art. 2 Abs. 1 GG: „Jeder hat das Recht auf die freie Entfaltung seiner Persönlichkeit, ..." Herrn Lehmann bezieht diese Aussage auf seine persönliche Situation; jetzt platzt ihm der Kragen: „Wollen die mich verar***en? Diese bürgerlichen Freiheiten sind doch nur hohle Phrasen und etwas für die Bonzen. Erst kommt das Fressen und dann die Moral!"

Hat Herr Lehmann recht?

Emotional ja, und er ist frei, seine eigene Meinung über den Staat und die Gesellschaft zu haben und zu äußern, vgl. Art. 5 Abs. 1 GG zur Meinungsfreiheit. Juristisch betrachtet, hat Herr Lehmann das GG missverstanden. Er hat etwas hineingelesen, was nicht im GG steht.

> Art. 2 Abs. 1 GG garantiert das Recht auf freie Entfaltung der Persönlichkeit (**allgemeine Handlungsfreiheit**). Zusammen mit Art. 1 GG ist es Ausdruck des **allgemeinen Persönlichkeitsrechts**, das im Wesentlichen ein Recht auf individuelle Selbstbestimmung ist. Die allgemeine Handlungsfreiheit ist es in erster Linie ein Abwehrrecht gegen staatliche Zwangsmaßnahmen.

Art. 2 Abs. 1 GG gewährleistet den rechtlichen Rahmen, um überhaupt freibestimmt sein Leben zu gestalten. Insoweit ist jeder frei darin, z. B. selbst zu entscheiden, ob er sich in seinem Beruf selbstständig macht oder als Angestellter arbeitet (Gewerbefreiheit, Privatautonomie).

Ergänzung: Ist der Staat im Sinne eines Wohlfahrtsinstituts denn nicht verpflichtet, die materiellen Grundlagen für eine Berufsausübung zu schaffen?

Nein, das Sozialstaatsprinzip ist nur ein Staatsziel, dass u.a. zur Fürsorge bei Bedürftigkeit und zur Sicherung der Lebensgrundlagen (Daseinsvorsorge) verpflichtet. Der Staat ist nicht verpflichtet, Arbeitsplätze zu schaffen, er muss aber für die soziale Absicherung erwerbsloser Menschen sorgen. Insoweit gibt es - entgegen einer weit verbreiteten Ansicht in der Bevölkerung - im GG kein Grundrecht auf Arbeit. Mehr dazu siehe Lektion 11 zur Berufsfreiheit.

Ergänzung: Herr Lehmann sagt, die DDR sei ein besserer Staat gewesen, weil es in der DDR ein Recht auf Arbeit gab.

Stimmt das?

Ja, und nicht nur ein Recht, sondern auch eine Pflicht! Art. 24 Abs. 2 Satz 2 der Verfassung der Deutschen Demokratischen Republik lautete: „Das Recht auf Arbeit und die Pflicht zur Arbeit bilden eine Einheit." Hier stand nicht der Mensch mit seinen Freiheiten im Vordergrund. Seine Arbeitskraft wurde dem Erreichen eines kollektivistischen Staatsziel untergeordnet. Fragen Sie Herrn Lehmann mal, was mit Menschen geschah, die in der DDR eine andere Vorstellung von ihrer persönlichen Berufsausbildung und der Wahl ihres Arbeitsplatz hatten als die Behörden.

## Fall 20

Das Landgericht Augsburg hat Alois wegen Mordes an seiner Ehefrau zu lebenslanger Haft verurteilt.

Verletzen die Verurteilung und die lebenslängliche Strafe seine Grundrechte aus Art. 1 und 2 GG?

So eine blöde Frage, mögen Sie jetzt denken. Selbstverständlich gehört ein Mörder in den Knast; das war schon immer so, in jedem Staat. Stimmt, aber das GG wäre nicht eine richtige Verfassung mit **Grundrechtsgarantien**, wenn es nicht erklären kann, weshalb Mörder verurteilt werden können und lange einsitzen müssen.
Das GG verlangt nach Art. 1 Abs. 2, dass die Grundrechte jedes Menschen geachtet werden. Ein Mensch, der wegen Mordes angeklagt oder rechtskräftig verurteilt ist, steht nicht außerhalb der Rechtsordnung. Deshalb müssen wir prüfen, warum Alois lebenslang um sein Grundrecht auf freie Entfaltung seiner Persönlichkeit und auf Freiheit aus Art. 2 Abs. 1 und 2 gebracht wird.

Art. 2 Abs. 1 GG gewährt jedem Menschen das Recht auf freie Entfaltung der Persönlichkeit, soweit er nicht die Rechte anderer Menschen verletzt oder er nicht gegen die verfassungsmäßige Ordnung oder das Sittengesetz verstößt. Daraus folgt die Pflicht des Staates, allgemein verbindliche Regeln aufzustellen in Form von Gesetzen (Verbote, Gebote), damit die Grenzen der Grundrechtsausübung effektiv beachtet werden.

Der Respekt vor den Grundrechten des anderen Menschen ist die Grundlage für die Wahrung der eigenen Grundrechte. Das friedliche Zusammenleben in einer Gemeinschaft setzt immanente Grenzen der Grundrechte voraus (Keine Gemeinschaft ohne Regeln!). Das StGB und die StPO sind Gesetze, um die gebotene Beschränkung der Freiheitsrechte einzelner mit Blick auf dieselben Rechte anderer Menschen zu gewährleisten. Das Strafrecht enthält einen Katalog von Verhaltensvorschriften, deren Einhaltung gewährleistet, dass wir halbwegs friedlich miteinander auskommen. Die Androhung von Sanktionen soll abschrecken. Diese immanenten Grenzen rechtfertigen eine Verurteilung des Alois unter Beachtung des Art. 2 GG. Ferner gibt es noch besondere Justizprinzipien, die wie Grundrechte schützen; Art. 101 bis 104 GG (siehe Lektion 14).
Die Verhängung der lebenslangen Freiheitsstrafe beachtet auch das Grundrecht des Alois aus Art. 1 GG, weil die Dauer der Freiheitsstrafe im Verhältnis zur Straftat, Verwerflichkeit und Schwere der Schuld steht. Der Grundsatz der Verhältnismäßigkeit verlangt bei „lebenslänglich" jedoch, dass nach 15 Jahren Haft geprüft wird, ob die Tat hinreichend gesühnt ist und eine Freilassung in Frage kommt. Sie sehen, nur die Ehe ist wirklich „lebenslänglich".

Abwandlung: Kann ein Mörder in Deutschland zum Tode verurteilt werden?

Nein, nach Art. 102 GG ist die Todesstrafe abgeschafft. Dieser Artikel des GG kann nicht geändert werden; Art. 79 Abs. 3 GG. Wegen der Pflicht des Staates, die Würde des Menschen und sein Recht auf Leben zu respektieren, gibt es keine rechtliche Handhabe, dass der Staat ein Todesurteil ausspricht. Dasselbe gilt für die Abschiebung und Auslieferung von Ausländern an Staaten, die Henker mehr respektieren als Menschen.

## Fall 21

Banküberfall, Polizei erscheint am Tatort. Der Täter tritt mit einer Geisel vor die Bank und droht mit der Tötung der Geisel, wenn die Polizei sich nicht sofort zurückzieht und ihm freies Geleit gewährt. Die Polizei versucht, mit dem Geiselnehmer über Megaphon Kontakt aufzunehmen. Der Täter wird nervös, entsichert plötzlich die Waffe, lädt durch und hält sie der Geisel an die Schläfe. Die Geisel schreit vor Entsetzen.

Darf die Polizei den Täter erschießen?

Wir haben in dieser Lektion schon gelesen, dass der Staat kein Recht hat, das **Lebensrecht** eines Menschen zu verneinen, nicht einmal eines brutalen Verbrechers, der keine Rücksicht auf das Leben seiner Opfer nimmt. Das Recht auf Leben und körperliche Unversehrtheit zwingt die Polizei aber auch, das Lebensrecht der Geisel aus Art. 2 Abs. 2 Satz 1 GG vor Angriffen eines Verbrechers zu schützen. Dieser Konflikt (Verbot einerseits, Pflicht zur Nothilfe andererseits) wird in vielen Bundesländern, die für die Polizei zuständig sind, mit einer gesetzlichen Regelung zum so genannten „finalen Rettungsschuss" gelöst. Die Rechtsfragen (Grundrechtseingriff, Handlungspflicht des Staates, **Verhältnismäßigkeit**) sind Fragen des Grundrechtsschutzes. Das Gesetz ist eine Sache, die Entscheidung am Tatort ist eine andere. Es erfordert sehr viel Erfahrung, die Situation richtig einzuschätzen und die richtige Maßnahmen zu treffen. Nimmt z. B. der Täter die Waffe kurzfristig weg, dann kommt kein tödlicher Schuss der Polizei in Frage, weil ein Schuss in Arme, Beine oder Bauch wahrscheinlich ausreichen wird, um die Bedrohung effektiv zu beenden. Sollte sich keine solche günstige Gelegenheit ergeben, bleibt nur eine Wahl (ultima ratio): Hoffentlich trifft die Polizei die richtige Person.

## Fall 22

Die 23-jährige Elisabeth war im Urlaub auf Ibiza und hatte eine kurze Beziehung mit einem anderen Touristen. Jetzt ist sie schwanger. Elisabeth ist nicht interessiert, die Person des Vaters ausfindig zu machen; am Ende des Urlaubs haben sie sich einfach getrennt. Elisabeth möchte ihr Medizinstudium nicht wegen der Schwangerschaft unterbrechen und erwägt einen Schwangerschaftsabbruch.

Spielen hier Grundrechte eine Rolle?

Ja, hier geht es um die Grundrechte von zwei Menschen.
Das eine ist die Frage nach dem individuellen Selbstbestimmungsrecht der Schwangeren aus Art. 2 Abs. 1 GG (Schlagwort: Mein Bauch gehört mir). Das andere ist der **Grundrechtsschutz für das ungeborene Leben.**

> Das Grundgesetz verpflichtet den Staat, menschliches Leben, auch das ungeborene, zu schützen. Ab der vollständigen Einnistung des befruchteten Eies in die Gebärmutter handelt es sich um individuelles, in seiner genetischen Identität festgelegtes Leben. Die Rechtsordnung hat die rechtlichen Voraussetzungen für die Entfaltung des Ungeborenen im Sinne eines eigenen Lebensrechtes zu gewährleisten. Rechtlicher Schutz gebührt dem Ungeborenen auch gegenüber seiner Mutter.

Diesen Konflikt zwischen der beiden Grundrechtsinhabern trägt der Staat (leider) durch das Strafrecht aus. Die Abtreibung ist eine Straftat gegen das Leben; § 218 StGB. Die Schwangere hat die grundsätzliche Rechtspflicht, das Kind auszutragen. Die Grundrechtspositionen der Frau führen allerdings dazu, dass es in Ausnahmen zulässig und ggf. geboten ist, eine solche Rechtspflicht nicht aufzuerlegen. Die Ausnahmetatbestände sind Fälle von Unzumutbarkeit.
Nach § 218a StGB ist eine Abtreibung ausnahmsweise binnen bestimmter Fristen nach der Empfängnis nicht strafbar ist, wenn das Leben der Schwangeren gefährdet ist oder die Schwangerschaft auf einer Sexualstraftat beruht. Außerdem fehlt die Rechtswidrigkeit, wenn es darum geht, die Gefahr einer schwerwiegenden Beeinträchtigung des körperlichen oder seelischen Gesundheitszustandes der Schwangeren abzuwenden.
Ob allein der Wunsch, das Studium zügig fortzusetzen, ein solche Ausnahme darstellt, ist unwahrscheinlich. Das Austragen des Kindes muss für Elisabeth ein derartiges Maß an Aufopferung eigener Lebenswerte sein, dass dies von ihr nicht erwartet werden kann.

# 7. Lektion Art. 3 Diskriminierungsverbot

## Fall 23

Frau Meier hat ein Taxiunternehmen in Hamburg. Sie zieht nun zu ihrem künftigen Ehemann in den fränkischen Landkreis Kleinbach. Sie beantragt beim dortigen Landratsamt schriftlich die Erteilung einer Taxikonzession. Die Erteilung wird abgelehnt mit der Begründung, als Frau sei sie nicht in der Lage, sich bei den Einheimischen Respekt zu verschaffen. Außerdem bevorzugte man in Kleinbach Unternehmer aus der Region, die den Dialekt verstehen und sprechen.

Wie ist die Rechtslage?

Der Brief des Landratsamtes von Kleinbach ist unverschämt und an Borniertheit nicht zu übertreffen. Jeder Mensch hat von Kindesbeinen an ein Gefühl, was Gleichheit und Gerechtigkeit bedeuten. Die Ablehnung der Taxi-Konzession ist Unrecht, weil sie diskriminierend und unfair ist.

Wie wird das juristisch begründet?

Offensichtlich behandelt das Landratsamt Anträge männlicher Antragsteller anders als Anträge von Frauen. Außerdem unterscheidet das Amt zwischen einheimischen Antragstellern und „Zugereisten". Ungleichbehandlungen können ein Verstoß gegen das Prinzip der Gleichheit vor dem Gesetz sein.

## Leitsatz 10

**Gleichheit vor dem Gesetz**

Art. 3 Abs. 1 GG stellt die Gleichheit aller Menschen vor dem Gesetz fest.
Nach Art. 3 Abs. 2 GG sind Männer und Frauen gleichberechtigt.
Nach Art. 3 Abs. 3 GG darf niemand wegen seines Geschlechts, seiner Abstammung, seiner Rasse, seiner Sprache, seiner Heimat und Herkunft, seines Glaubens, seiner religiösen oder politischen Anschauungen benachteiligt oder bevorzugt werden. Niemand darf wegen seiner Behinderung benachteiligt werden.

Das ist also ein klarer Fall: Das Landratsamt darf bei der Entscheidung über den Antrag von Frau Meier weder auf ihr Geschlecht, ihre Sprache oder gar Herkunft abstellen. Die Ablehnungsgründe sind unsachliche Kriterien, die nichts über die persönliche Eignung aussagen. Ein sachliches Kriterium wäre z. B. der Nachweis von Ortskunde. Hierauf hat das Landratsamt aber nicht abgestellt.
Ergänzung: Wie kommt Frau Meier jetzt zu ihrem Recht?

Art. 3 GG wirkt als Grundrecht, weil es staatliche Ungleichbehandlung verbietet, die nicht durch sachliche Kriterien gerechtfertigt sind (unsachliche Ungleichbehandlung = **Diskriminierung**). Im Landkreis Kleinbach gelten die verfassungsmäßigen Grundsätze genauso wie im Bund (Art. 28 Abs. 1 GG). Das Landratsamt ist eine Verwaltungsbehörde und damit ein Organ der Exekutive. Es ist bei seinem hoheitlichen Handeln, hier der Erteilung einer stattlichen Konzession, an die Grundrechte gebunden (Art. 1 Abs. 3 GG). Frau Meier kann die Verletzung des Diskriminierungsverbotes geltend machen, indem sie Widerspruch gegen die Zurückweisung des Antrages einlegt und später ggf. Klage vor dem Verwaltungsgericht erhebt.

## Fall 24

Frau Meier hat im Widerspruchsverfahren Recht bekommen und ihre Taxi-Konzession erhalten. Jetzt geht sie in ihrer neuen Heimatstadt zum Friseur. Im Laden hängt eine Preistafel: Haarschnitt inkl. Waschen und Fönen, Herren 14 Euro, Damen 20 Euro. Frau Meier hat einen -äußerst praktischen- Kurzhaarschnitt und besteht darauf, den Haarschnitt für 14 Euro zu bekommen. Die Inhaberin des Friseurgeschäfts weist freundlich darauf hin, dass es im Friseurhandwerk schon seit Urzeiten unterschiedliche Tarife für Männer und Frauen gebe. Schon im ersten Brief des Paulus an die Korinther (111, 14-16) steht: „Lehrt euch nicht auch die Natur, dass es für einen Mann eine Unehre ist, wenn er langes Haar trägt, aber für eine Frau eine Ehre, wenn sie langes Haar hat?“ Im Übrigen sei sie nicht verpflichtet, Frau Meier zu bedienen.

Wie ist die Rechtslage?

Ungleichbehandlungen gibt es im Alltag überall. Die Frage ist, ob der /die Betroffene sich auf Art. 3 GG berufen kann und ob die Ungleichbehandlung diskriminierend ist, also von unsachlichen Kriterien getragen wird.

Die erste juristische Hürde ist der Anwendungsbereich der Grundrechte. Die Grundrechte sind entstanden als Abwehrrechte des Bürgers gegen den Staat und binden die Verwaltung unmittelbar (hoheitliches Handeln wie im Fall der Taxikonzession). Beim Friseurbesuch geht es aber um den Abschluss eines Dienstvertrages (§ 611 BGB) zwischen Frau Meier und der Inhaberin des Ladens. Der Vertrag wird auf dem Gebiet des Privatrechts zwischen privaten Personen abgeschlossen. Im Privatrecht gilt der Grundsatz der Gestaltungsfreiheit (Privatautonomie). Die Grundrechte gelten hier grundsätzlich nicht, da der Staat an dem Vertrag nicht beteiligt ist. Es ist eine Frage der Verhandlung, ob Frau Meier überhaupt bedient wird und zu welchem Preis ihre Haare geschnitten werden. Das ist das freie Spiel von Angebot und Nachfrage in einer Marktwirtschaft. Jeder Grundsatz kennt Ausnahmen. Bei der ersten Ausnahme geht es um die Frage, ob die Inhaberin des Friseurgeschäfts eine Pflicht hat, Frau Meier zu bedienen. Wahrscheinlich nicht, weil es im Ort bestimmt noch andere Friseure gibt. Anders ist die Sache aber dann, wenn es nur einen Anbieter für eine Ware oder Dienstleistung gibt; z. B. bei Wasser, Strom oder Gas. Diese Alleinanbieter haben wegen ihrer Monopolstellung oder zumindest Marktbeherrschung u. U. eine Belieferungspflicht (Kontrahierungszwang).

Eine weitere Ausnahme ist die so genannte Drittwirkung der Grundrechte im Privatrecht. Die Grundrechte beschreiben in erster Linie das Verhältnis des einzelnen Bürgers zum Staat. Der Katalog der Grundrechte ist eine objektive Werteordnung und enthält auch eine allgemein gültige Aussage darüber, worin der Konsens aller Menschen besteht für ein gedeihliches und faires Miteinander in der Gesellschaft. Das berücksichtigt die Rechtsprechung bei privatrechtlichen Streitigkeiten, indem die Vertragsparteien verpflichtet sind, ihre gegenseitigen Rechte im Lichte der Grundrechte zu gestalten. Die freie Gestaltung im Privatbereich findet ihre Grenzen, wenn Grundrechte eines Beteiligten verletzt werden. Das versteht man unter der Drittwirkung der Grundrechte.

Frau Meier kann sich wegen der Ungleichbehandlung daher auch gegenüber der Inhaberin des Friseurgeschäfts auf Art. 3 Abs. 3 GG berufen.

Die zweite juristische Hürde ist die Frage, ob die Ungleichbehandlung zwischen männlichen und weiblichen Kunden gerechtfertigt ist. Das Geschlecht der Kunden eignet sich nicht, unterschiedliche Preise zu rechtfertigen. Frau Meier verlangt den Herrenpreis deshalb, weil ihr Kurzhaarschnitt ja nicht mehr Aufwand verursacht als derselbe Schnitt bei einem Mann. Der Hinweis der Inhaberin auf die Tradition zeigt, worum es in der Sache geht. Die Unterscheidung nach Geschlecht machte Sinn und war gerechtfertigt, als Frauen bis ca. 1920 grundsätzlich längere Haare oder aufwändigere Frisuren trugen als Männer. Diese Zeiten sind aber jetzt vorbei, so dass wohl nur unterschiedlicher Aufwand unabhängig vom Geschlecht unterschiedliche Preise rechtfertigt. Bisweilen argumentieren Friseure auch, der niedrigere Preis für Herrenhaarschnitte sei nicht kostendeckend und werde von den höheren Preisen bei den Damen mitsubventioniert. Darüber freuen sich nur die Junggesellen. Die Friseure müssen sich aber fragen lassen, warum sie solch niedrige Tarife überhaupt anbieten. Die Rechtsfrage ist von der Rechtsprechung jedoch noch nicht eindeutig entschieden. Gesetzesvorhaben der EU und der Bundesregierung stehen in den Starlöchern. Sollte die Inhaberin des Ladens das nicht einsehen, kann Frau Meier die Handwerkskammer oder das Gewerbeamt bitten, die Inhaberin um eine geschlechtsneutrale Preistafel oder um eine Klarstellung zu bitten.

## Fall 25

Der Betreiber eines bayerischen Biergartens stellt Personal ein. In der Zeitungsannonce steht: „Suche junge, attraktive Bedienung. Blondinen werden bevorzugt. Dirndl wird vom Chef gestellt. Gute Bezahlung.“ Hubert ist gelernter Kellner; er ist blond, jung und attraktiv. Der Inhaber des Biergartens lehnt die Bewerbung von Hubert ab unter Hinweis darauf, dass er nur weibliche Bedienungen suche; es sei denn, Hubert ziehe sich das Dirndl an, was freilich - nach seiner einfachen Gemütslage - eine Mordsgaudi wäre ...

Wie ist die Rechtslage?

Das Diskriminierungsverbot des Staates ist eine Sache und die Beachtung dieses Grundsätze im Privatrecht ist eine andere Sache. Die oben beschriebene Drittwirkung der Grundrechte ist nur ein schwaches Instrument in Bereichen, in denen es typischerweise zu Diskriminierungen kommen kann. Ein solcher Bereich ist die Arbeitswelt. Hier hat der

Gesetzgeber deshalb Einzelregelungen geschaffen, die bestimmte Diskriminierungen verbieten.
§ 611 b BGB verbietet eine Stellenausschreibung nur für Männer oder nur für Frauen. Eine geschlechtsspezifische Ausschreibung ist ausnahmsweise erlaubt, wenn das Geschlecht des Arbeitnehmers eine unverzichtbare Voraussetzung ist für die auszuübende Tätigkeit. Das ist der Fall bei Bademoden-Models, Dressmen oder Schauspielern für bestimmte Rollen. Dagegen ist es nicht erlaubt, für die Bedienung in einer Gastätte nur Frauen in der Zeitungsannonce zu suchen. Schließlich geht es hier um die Bedienung von Gästen, die etwas trinken wollen, und nicht um Animation in einem Bordell.
Auch Frauen, die sich um den Job im Biergarten bemühen, werden je nach Haarfarbe unterschiedlich behandelt. Die Bevorzugung von Blondinen ist jedoch kein Fall für §§ 611 a und b BGB. Schließlich gibt es ja Haarfarbe und Perücken, wenn es unbedingt blonde Haare sein müssen. Abzusehen ist, dass es künftig weitere gesetzliche Regelungen geben wird, die besondere Erscheinungsformen von Diskriminierungen im Alltag verbieten werden.

## Fall 26

Familie Lehmann aus Essen (Mama, Papa, Tochter und Sohn im Schulalter) macht Urlaub am Golf von Neapel. Trotz der unsäglichen Mittagshitze werden heute die weltberühmten Ausgrabungen von Pompeji besucht. Am Eingang der vom italienischen Innenministerium betreuten Ausgrabungsstätte hängt eine Tafel mit den Eintrittspreisen: Adulti 8 Euro, Bambini 4 Euro, Bambini italiani gratuito. Der Kassierer erkennt an der krebsroten Gesichtsfarbe, dass die Lehmann-Kinder keine Italiener sind, und verlangt pro Kind 4 Euro Eintritt.

Zu recht?

Der italienische Staat unterscheidet bei den Eintrittspreisen für Kinder nach der Nationalität, indem er bei italienischen Kindern keinen Eintritt nimmt. Das ist aus pädagogischen Gründen verständlich, weil der italienische Staat so die Kenntnis seiner Schülerinnen und Schüler über die bedeutsamen Kulturstätten im Land mittelbar fördert. Aus Sicht der Touristen ist diese unterschiedliche Behandlung ihrer Kinder jedoch unfair, weil auch bei deutschen Schüler ein solcher Förderbedarf (Subvention) aus denselben pädagogischen Gründen greift wie bei den italienischen Schülern. Das gilt bei allen Schülern weltweit, unabhängig von der Nationalität. Festzustellen ist somit, dass die Ungleichbehandlung nicht sachlich gerechtfertigt ist. Familie Lehmann kann sich in Pompeji aber nicht auf Art. 3 Abs. 3 GG berufen, weil das GG nur in seinem Geltungsbereich, der Bundesrepublik Deutschland gilt.

Sind die Lehmanns damit im Ausland rechtlos? Keineswegs. Zum einen wird es in der Verfassung Italiens eine Vorschrift zum allgemeinen Diskriminierungsverbot geben, die dem Art. 3 GG entspricht. Zum anderen gibt es ein **Diskriminierungsverbot nach dem EG-Vertrag**. Der EG-Vertrag ist zwar zwischen den Mitgliedsstaaten der EU abgeschlossen worden, er schafft aber auch unmittelbare Rechte für die Bürger der Mitgliedsstaaten. Auf diese **Grundfreiheiten** und das Diskriminierungsverbot aus dem EG-Vertrag kann sich jeder Bürger der EU-Mitgliedsstaaten in jedem anderen Mitgliedsstaat direkt berufen. Die EU-Grundfreiheiten und das EU-Diskriminierungsverbot wirken wie nationale Grundrechte. Einzelheiten in der Lektion 11.

> In den Mitgliedsstaaten der EU ist jede Diskriminierung aus Gründen der Staatsangehörigkeit verboten (Art. 12 EG-Vertrag).

# 8. Lektion Glaubens-, Meinungs-, Pressefreiheit

## Art. 4
## Glaubensfreiheit und andere persönliche Freiheitsrechte

### Fall 27

Gretchen ist umgezogen nach Osnabrück. Das Einwohnermeldeamt legt ihr ein umfangreiches Formular vor, das u.a. nach der Religionszugehörigkeit fragt. Das Formular hat nur zwei Kästchen zum Ankreuzen: „rk“ und „ev“, sonst nichts. Gretchen lässt die Frage unbeantwortet. Der Beamte droht damit, die Anmeldung des Wohnsitzes abzulehnen, wenn die Frage nicht beantwortet wird.

Wie ist die Rechtslage?

Die tatsächliche Begründung des Wohnsitzes und Meldepflicht haben natürlich nichts mit der Religionszugehörigkeit zu tun. Die Anmeldung des Wohnsitzes kann also von solchen Angaben nicht abhängig gemacht werden. Gleichwohl ist die Kenntnis um die Religionszugehörigkeit der Bewohner bedeutsam und interessiert die jeweiligen örtlichen Kirchengemeinden und die Finanzämter. Es fragt sich, ob es korrekt ist, das Formular nur mit Feldern für die Zugehörigkeit zur römisch-katholischen oder evangelischen Kirche zu gestalten.

## Leitsatz 11

**Glaubensfreiheit**

Nach Art. 4 Abs. 1 GG sind die Freiheit des Glaubens, des Gewissens und die Freiheit des religiösen und weltanschaulichen Bekenntnisses unverletzlich. Das Grundrecht verpflichtet den Staat zur weltanschaulich-religiöse Neutralität.

Zur Neutralitätspflicht gehört es auch, dass der Staat nicht missioniert, niemanden diskriminiert, sich nicht abfällig über die Religion eines Menschen äußert und staatliche Handlungen nicht auf das Glaubensbekenntnis eines Menschen ausrichtet. Das Meldeformular muss also vorsehen, dass jemand einer anderen Religion angehört als auf dem Formular vorgesehen oder gar keiner Glaubensgemeinschaft. Das Grundrecht aus Art. 4 Abs. 1 GG garantiert eben auch die Freiheit, keiner Religionsgemeinschaft anzugehören oder Glaubensrichtung zu folgen (Bekenntnisfreiheit). Das Grundrecht aus Art. 4 Abs. 1 GG ist nicht abhängig, ob ein Mensch einer Glaubensgemeinschaft angehört. Denn das GG erlaubt, dass ein Mensch z. B. auch ohne Zahlung von Kirchensteuer sich zum Christentum bekennt. Ferner kommt es nicht auf eine bestimmte Art von Glauben oder Bekenntnis an. Selbst der Atheismus (Verneinung der Existenz eines Gottes) wird von Art. 4 Abs. 1 GG geschützt: Die Gedanken sind frei.

Das Gebot der weltanschaulich-religiösen Neutralität des Staates und die Bekenntnisfreiheit spielen eine Rolle, ob z. B. Kruzifixe in einem Klassenraum einer staatlichen Schule oder in einem Gerichtssaal aufgehängt werden dürfen. Problematisch ist auch die Frage, ob ein Beamter im Dienst Zeichen seiner Religionszugehörigkeit offen zur Schau stellen darf (Halskette mit Kreuz, Kopftuch, Turban).

## Fall 28

Fritzi ist evangelisch, wohnt in Berlin und geht dort zur Schule. Am 31. Oktober und an einem Mittwoch Mitte November kommt sie nicht zum Unterricht. Der Lehrer bittet um eine Erklärung wegen des unentschuldigten Schwänzens. Fritzi erklärt, am 31. Oktober sei Reformationstag gewesen und an dem besagten Mittwoch im November habe sie vormittags an einem Jugendgottesdienst aus Anlass des Buß- und Bettages teilgenommen. Dem Lehrer reicht diese Entschuldigung nicht, weil diese Tage keine gesetzlichen Feiertage seien und Fritzi ja nach der Schule zum Gottesdienst hätte gehen können.

Wie ist die Rechtslage?

**Das Grundrecht auf Glaubens- und Bekenntnisfreiheit (im Innern) wird nach Art. 4 Abs. 2 GG um das Recht auf ungestörte Religionsausübung ergänzt.**

Die Freiheit, etwas zu glauben oder sich zu bekennen, macht keinen Sinn, wenn man das alles für sich behalten muss. Deshalb garantiert das GG auf das Recht, seinen Glauben zu „leben". Schüler, die der jeweiligen Kirche angehören, haben an kirchlichen Feier- und Gedenktage entweder schulfrei oder sind zumindest für die Dauer eines Gottesdienstes auf Antrag vom Unterricht zu befreien. Entsprechendes gilt für katholische, muslimische, jüdische Schüler und für Schüler anderer Religions- oder Weltanschauungsgemeinschaften (z. B. Freidenker). Es gibt keine bundeseinheitliche Regelung zur Freistellung aus solchen Anlässen, weil Schule und teilweise auch die Festlegung der gesetzlichen Feiertage Ländersache sind. So haben z. B. alle Schüler im Land Brandenburg am 31. Oktober schulfrei, weil der Reformationstag in Brandenburg gesetzlicher Feiertag ist; in Berlin sind nur die evangelischen Schüler vom Unterricht befreit.

Ergänzung: Fritzi´s Pfarrer schreibt eine „Entschuldigung": Nach dem Jugendgottesdienst nehmen die evangelischen Schüler noch an einen traditionellen ganztägigen Bibelkreis teil; an diesem Tag könne keine Schule stattfinden. Der Schuldirektor ist stinksauer und pocht auf Einhaltung der Schulpflicht.

In welchem Verhältnis stehen die staatlichen Schulen und die Kirchen zueinander?

Staat und Kirche sind voneinander getrennt; es gibt keine Staatskirche (anders z. B. in Großbritannien). Die Trennung ist das Ergebnis der bürgerlichen Revolutionen und der politischen Umwälzungen des 18. und des 19. Jahrhunderts in Deutschland. Das GG regelt das Verhältnis an einigen markanten Punkten:

1. Die Kirchen sind Religionsgemeinschaften, die als Körperschaften öffentlichen Rechts organisiert sind oder vergleichbar fest strukturierte Gemeinschaften bilden. Ihre Rechtsstellung und Unanhängigkeit wird durch Art. 140 GG gewährleistet (unter Verweis auf Art. 137 der Weimarer Reichsverfassung).
2. Die Religions- und Weltanschauungsgemeinschaften sind selbst Träger der Grundrechte aus Art. 4 GG.
3. Je nach Bundesland und Schulform ist der Religionsunterricht entweder ordentliches Lehrfach oder er wird in eigener Verantwortung der Religionsgemeinschaften an den Schulen angeboten; Art. 7 Abs. 3, 141 GG. Wegen Art. 4 Abs. 1 GG steht es den Schülern staatlicher Schulen frei - ab dem 14. Lebensjahr selbst- zu entscheiden, ob sie am Religionsunterricht teilnehmen oder nicht.

## Fall 29

Zum 18. Geburtstag erhält Wilfried die Aufforderung, sich beim Kreiswehrersatzamt zwecks Musterung einzufinden. Wilfried hat aber keinen Bock auf den Wehrdienst; so richtig begründen kann er seine ablehnende Haltung aber nicht. Der Vater meint, Dienst an der Waffe habe noch niemandem geschadet: Der Urgroßvater habe vor Verdun im Schützengraben gehockt, Opa war bei der Wehrmacht Panzergrenadier in Russland und er selbst war bei der NVA.

Gefährdet Militärdienst die Gesundheit? Muss Wilfried dem Ruf der Fahne folgen?

Zur ersten Frage: Ja, nicht nur die eigene, sondern auch die Gesundheit und das Leben von Millionen anderer Menschen, die in Kriegen umgekommen sind, die die Deutschen allein in den letzten hundert Jahren angezettelt haben. Ursprünglich sah das GG weder eine Streitmacht,

noch eine Wehrpflicht vor. Das ist erst im Zuge des kalten Krieges eingeführt worden; historisch betrachtet wohl eine richtige Entscheidung. Der juristische Unterschied zu den „Taten" der männlichen Vorfahren von Wilfried liegt, wie Sie aus der Lektion 4 wissen, darin, dass die Bundesrepublik Deutschland nach Art. 26 GG keine Angriffskriege führen darf und eine Streitmacht nur zu Verteidigungszwecken aufstellt; sei es zur Verteidigung des Landes oder -je nach Auftragslage und völkerrechtlicher Bündnisverpflichtungen- zur Verteidigung der Freiheit am fernen Hindukusch.
Die zweite Frage beantwortet das GG unmittelbar.

Nach Art. 4 Abs. 3 GG darf niemand gegen sein Gewissen zum Kriegsdienst mit der Waffe gezwungen werden.

Das Recht, den **Kriegsdienst** zu verweigern und stattdessen einen Zivildienst zu absolvieren, wird gewährt, weil das Erfordernis einer Streitmacht im Frieden und im Verteidigungsfall stets in Verhältnis zu setzen ist mit dem allgemeinen Persönlichkeitsrecht und der daraus folgenden **Gewissensfreiheit**. Wilfried kann in einem Verfahren vor dem Kreiswehrersatzamt darstellen, warum denn sein Gewissen, einen Dienst an Kriegswaffen verbiete. Politische Motive werden nicht berücksichtigt, ebenso wenig die Ansage, keinen Bock zu haben.

Noch sieht das GG in Art. 12a eine allgemeine Pflicht zur Leistung von Wehr- oder Zivildienst vor.

Ergänzung: Gibt es denn neben der Glaubensfreiheit noch andere Grundrechte mit einem Bezug zur inneren und äußeren Freiheit jedes Menschen?

## Übersicht 11: Freiheitsrechte des Grundgesetzes

Das GG gewährt Freiheitsrechte (Abwehrrechte des einzelnen Menschen gegen den Staat) in vielen Formen:

| | | Lektion |
|---|---|---|
| Art. 2 Abs. 1 GG | Recht auf freie Entfaltung der Persönlichkeit (allgemeine Handlungsfreiheit) | 6 |
| Art. 2 Abs. 2 Satz 1 GG | Recht auf Leben und körperliche Unversehrtheit | 5, 6 |
| Art. 2 Abs. 2 Satz 2 GG | Recht auf Freiheit | 6 |
| Art. 4 Abs. 1 und 2 GG | Freiheit des Glaubens, des Gewissens, des Bekenntnisses und der Religionsausübung | 8 |
| Art. 4 Abs. 3 GG | Freiheit des Gewissens bei Kriegsdienstverweigerung | 8 |
| Art. 5 Abs. 1 Satz 1 GG | Meinungsfreiheit | 8 |
| Art. 5 Abs. 1 Satz 2 GG | Pressefreiheit | 8 |
| Art. 5 Abs. 3 Satz 1 GG | Freiheit von Kunst, Wissenschaft, Forschung und Lehre | 8 |
| Art. 8 GG | Versammlungsfreiheit | 10 |
| Art. 9 GG | Koalitionsfreiheit | 10 |
| Art. 10 GG | Brief-, Post- und Fernmeldegeheimnis | 2 |
| Art. 11 GG | Recht auf Freizügigkeit | 11 |

| | | |
|---|---|---|
| Art. 12 GG | Berufsfreiheit | 11 |
| Art. 13 GG | Unverletzlichkeit der Wohnung und Privatsphäre | 14 |
| Art. 14 GG | Recht auf Eigentum | 12 |
| Art. 17 GG | Petitionsrecht | 2 |

## Art. 5 Meinungs- und Pressefreiheit

### Fall 30

Herr Lehmann war in der Lektion 6 ziemlich sauer auf den Staat. Er hat im Wartezimmer des Rathauses ganz schön vom Leder gezogen mit seiner Kritik an der dürftigen staatlichen Grundsicherung und den bürgerlichen Idealen.

Muss Herr Lehmann nach diesem „Auftritt" mit Sanktionen rechnen?

Nein. Das beruht aber nicht auf der Gleichgültigkeit der Polizei und der Justiz. Das steht im Grundgesetz.

## Leitsatz 12

**Meinungsfreiheit**

Jeder hat das Recht, seine Meinung in Wort, Schrift und Bild frei zu äußern, zu verbreiten und sich aus allgemein zugänglichen Quellen ungehindert zu informieren; Art. 5 Abs. 1 Satz 1 GG.

Schimpfen in der Öffentlichkeit gehört dazu. Die Freiheit, seine Meinung frei zu äußern und sich zu informieren, ist eine wesentliche Grundlage der verfassungsmäßigen Ordnung. Erst die Freiheit jedes einzelnen Menschen, Überzeugungen und Kritik frei und ohne Angst vor Sanktionen des Staates zu formulieren, ermöglicht eine funktionsfähige Demokratie.

**Die Meinungsfreiheit ergänzt das Verfassungsprinzip der Demokratie im Bereich der Grundrechte.**

Der Staat, seine Einrichtungen und die Mitmenschen müssen in der Lage sein, auch außerhalb der Parlamente täglich ein gerüttelt Maß an Kritik und Auseinandersetzung zu ertragen. Das nennt man Toleranz. **Ohne Meinungsfreiheit** gibt es **keine Demokratie**. Denken Sie an die Deutsche Demokratische Republik im Herbst 1989. Die politischen Verhältnisse wandelten sich erst, als die Menschen ohne Angst ihre Meinung öffentlich äußern konnten. Und dann ging es ganz schnell.

Ergänzung: Wie ist die Rechtslage, wenn Herr Lehmann seine Meinung im Internet äußert?

Das macht keinen Unterschied, weil die Aufzählung in Art. 5 Abs. 1 Satz 1 GG aus der Zeit vor der Erfindung elektronischer Medien stammt und daher nur beispielhaft ist.

## Fall 31

Der us-amerikanische Rapper Bullet4U ist auf Tournee in Deutschland. In seinen Texten nennt er die Dinge beim Namen: Ein heruntergekommenes Stadtviertel ist bei ihm keine schwieriges Wohnumfeld, sondern ein Ghetto. Sein Manager und die Leute vom Marketing sagen, dass er authentisch sei (Das stimmt!) und dass sich seine Musik gut verkaufe (Das stimmt auch!). Um seinen Texten mehr Ausdruckkraft zu verleihen, fügt Bullet4U in jede Zeile eine Kombination der Wörter „F***k, „Mother***er“ und „B***ch“ ein. Eine Zeitung aus Stuttgart möchte ein Interview mit Bullet4U führen und es abdrucken.

Bestehen Bedenken, wenn Bullet4U im Interview auch seine bildhafte, saftige Sprache verwendet?

Grundsätzlich nein; aber vielleicht doch. Schauen wir genauer hin, wie es um Art. 5 GG steht. Es geht sowohl um die **Meinungsfreiheit** von Bullet4U und um die **Pressefreiheit** aus Art. 5 Abs. 1 Satz 2 GG, deren Grundrechtsträger die Zeitung ist.

Art. 5 Abs. 1 Satz 1 GG schützt jede Meinungsäußerung, auch wenn damit kommerzielle Absichten mitverfolgt werden. Die reine Beschreibung der Wirklichkeit ist nichts, was vom GG geschützt werden müsste (Tatsachenbehauptung). Geschützt wird die Meinungsäußerung, d. h. die Verbindung dieser Tatsachen mit einer persönlichen Wertung; Meinung ist das Ergebnis eines Denkprozesses (Werturteil). Das tut Bullet4U. Es gibt aber Grenzen der Meinungsfreiheit.

> Die Meinungsfreiheit findet ihre Schranken in den Vorschriften der allgemeinen Gesetze, den gesetzlichen Bestimmungen zum Schutze der Jugend und im Recht der persönlichen Ehre; Art. 5 Abs. 2 GG.

Klar ist, dass die Meinungsfreiheit weder in den USA noch hierzulande soweit geht, bestimmte Personen gezielt zu beleidigen und in Interviews Gewalt zu verherrlichen. Gleichzeitig müssen die beschränkenden Gesetze im Lichte des Rechts auf freie Meinungsäußerung ausgelegt werden. Meinungsfreiheit ist ein hohes, wertvolles Gut. Deshalb kann nicht generell untersagt werden, dass im Interview bestimmte Wörter verwendet werden. Bullet4U muss z. B. die Möglichkeit haben, seine Gefühle und Wertungen mit seinem beschränkten Wortschatz kundzutun.

Gleichwohl ist dem Jugendschutz angemessen Rechnung zu tragen. Die Wiedergabe des vollen Interviews in einer ohne Altersbeschränkung verlegten Zeitung wird keine Probleme mit dem Jugendschutz haben, wenn bestimmte, nicht jugendfreie Wörter mit *** umschrieben werden oder wenn in der Übersetzung die nicht wörtlich übersetzen Stellen hervorgehoben werden.

Ergänzung: Aufgebrachte Eltern wollen verhindern, dass die Zeitung mit dem Interview von Bullet4U erscheint und fordern vom Bürgermeister, dass er die Auslieferung der Zeitung verhindert.

Was wird der Bürgermeister tun?

Er wird den Eltern aus dem GG vorlesen.

## Leitsatz 13

**Pressefreiheit**

Die Pressefreiheit und die Freiheit der Berichterstattung durch Rundfunk und Film werden gewährleistet. Eine Zensur findet nicht statt; Art. 5 Abs. 1 Sätze 2 und 3 GG

Das ist eine klare Ansage, die keiner weiteren Erklärung bedarf. Sie bezieht sich selbstverständlich auch auf das Fernsehen, das Internet und auf andere elektronische Medien. Was von der Meinungsfreiheit gedeckt ist, kann auch in den Medien berichtet werden. Die Stuttgarter Eltern müssen eben lernen, dass auch unerwünschte Meinungen veröffentlicht werden. Das lernen so gar schon die Kinder in der Schule. Gleichzeitig steht es den Eltern frei, in ihrem Recht und der Pflicht zur Erziehung (Art. 6 Abs. 2 GG) ihre Kinder von solchen Quellen fernzuhalten. Auf Dauer werden die Eltern ohnehin nicht verhindern können, dass auch ihre Kinder ein Poster dieses „Idols“ im eigenen Zimmer aufhängen.

### Fall 32

Die Interviews und Konzerte von Bullet4U erregen weiterhin die Aufmerksamkeit der Presse. Die öffentliche Meinung ist gespalten. Der hessische Politiker Dr. Gumbsberg fordert, dass alle Zeitungen, die Interviews von Bullet4U drucken, verboten, und Sender, die seine Musik spielen, abgeschaltet werden müssen.

Was halten Sie davon?

Nichts. Solche Äußerungen gab es schon, als Elvis Presley seine Musik spielte. Das Abendland ist entgegen der Befürchtung einiger Politiker von damals dennoch nicht untergegangen.

Ein Verbot von Zeitungen ist schon deshalb nicht möglich, weil der Grundsatz der Gewerbefreiheit gilt (siehe Lektion 12).
Bei Rundfunk und Fernsehen gilt der Grundsatz der Staatsfreiheit, bzw. zumindest der Staatsferne bei öffentlich-rechtlichen Rundfunkanstalten (ARD, ZDF, Dritte Programme, Arte, Phoenix). Allenfalls der Zu-

gang zu den Sendefrequenzen wird staatlich organisiert; aber dort rechtsstaatlich kontrolliert.

Der Fall wirft die grundsätzliche Frage nach dem Verhältnis zwischen Presse, Radio, Fernsehen und Internet einerseits und dem Staat andererseits auf: Was nützt die Meinungs- und Pressefreiheit, wenn es keine Zeitungen gibt, in der Artikel und Leserbriefe erscheinen können?

Aus dem Grundrecht der Pressefreiheit wird auch der Grundsatz abgeleitet, dass der Staat die Presse als eine für die Demokratie notwendige Einrichtung als solche zu gewährleisten hat (Garantie der Institution). Aus Art. 5 Abs. 1 Satz 2 GG wird so gar gefolgert, dass der Staat die Vielfalt der Medien und damit der Meinungsvielfalt garantieren müsse. Der Staat muss z. B. verhindern, dass ein Medienunternehmen sich alle anderen Konkurrenten unter den Nagel reißt und damit eine Meinungsvielfalt ausschließt. Die Verhinderung von Monopolen und Kartellen ist die Aufgabe des GWB (Gesetz gegen Wettbewerbsbeschränkungen, siehe Wirtschaftrecht - leicht gemacht, Lektion 23)

## Übersicht 12:Grundrechte als institutionelle Garantien

Das Konzept der Grundrechte als Freiheits- und Gleichheitsrechte sowie als Rechtsschutz wird ergänzt um den Aspekt der institutionellen Garantien (**Garantie der Einrichtung**).

| | Institution | Lektion |
|---|---|---|
| Art 5 Abs. 1 Satz 2 GG | Pressefreiheit | 8 |
| Art 5 Abs. 1 Satz 2 GG | Freiheit der Berichterstattung für öffentliche und private Sender zum Schutz der Medien- und Meinungsvielfalt | 8 |
| Art. 5 Abs. 3 GG | Existenz von Universitäten, Hochschulen und Forschungseinrichtungen | 8 |
| Art. 6 Abs. 1 GG | Ehe und Familie | 9 |

| | | |
|---|---|---|
| Art. 14 GG | Eigentum und Erbrecht | 12 |
| Art. 28 Abs. 2 GG | Gemeinden (Kommunen) und Gemeindeverbände | 3 |
| Art. 140 GG | Religionsgemeinschaften | 8 |

## Fall 33

Die Stadt Weimar kauft jedes Jahr ein Bild eines bedeutenden, zeitgenössischen Künstlers an. Der Kulturausschuss empfiehlt in diesem Jahr den Ankauf des Werkes „Schwarz-Rot-Senf“ des Künstlers A.R. Gerhard: Format und Hintergrund wie Bundesflagge; in jedem Drittel eine andere Darstellung sozialer Missstände mittels Fotomontagen. Im oberen Teil verprügeln Neo-Nazis einen Menschen mit dunkler Hautfarbe, in der Mitte liegt ein Obdachloser unter der Spreebrücke im Abendrot mit Blick auf das Kanzleramt und unten streiken Arbeitnehmer vor dem Werkstor der Post gegen ihre Kündigung. Die Stadtversammlung diskutiert heftig über den Ankauf. Ein Politiker sagt: Der so genannte Künstler verunglimpfe die Deutschlandfahne. So etwas müsse verboten werden.

Wie steht es um die Freiheit der Kunst?

> Kunst und Wissenschaft, Forschung und Lehre sind frei; Art. 5 Abs. 3 GG.

Das GG definiert nicht, was Kunst ist. Der oben zitierte Politiker streitet wohl ab, dass das Bild von A.R. Gerhard Kunst sei. Das hat man seinerzeit auch schon zu den Werken von van Gogh, Matisse und Picasso gesagt. Kunst im Sinne des Art. 5 Abs. 3 GG ist jeder ernsthafte Versuch der eigenständigen, medialen Gestaltung der Wirklichkeit durch freie, schöpferische Gestaltung, egal ob gelungen oder nicht, solange sie von der allgemeinen Anschauung mitgetragen wird.

Der satirische Unterton des Bildes ist offensichtlich. Satire kann Kunst sein, muss es aber nicht. Im letzten Fall handelt es sich um eine Meinungsäußerung, die nach Art. 5 Abs. 1 Satz 1 GG in den Grenzen des Abs. 2 geschützt ist. Die Kunstfreiheit aus Abs. 3 hingegen kommt ohne ausdrückliche Grenzen aus. Gehen wir davon aus, dass das Bild nicht bloße Übertreibung, Verzerrung und Verfremdung ist, sondern das geformte Ergebnis einer freien schöpferischen Gestaltung, also Kunst.

Dann stellt sich die Frage, ob ein strafgesetzliches Verbot, die Kunstfreiheit einschränken kann. Art. 5 Abs. 3 GG verweist zwar nicht auf die Grenzen nach Abs. 2. Daraus folgt jedoch nicht, dass die Kunstfreiheit grenzenlos ist. Sie findet nach Art. 2 Abs. 1 GG ihre verfassungsimmanente Grenze in den Vorschriften zum Schutz gewichtiger Rechtsgüter anderer Menschen und Einrichtungen. Eine solche Vorschrift ist § 90a StGB: Strafbar ist die Verunglimpfung der Farben, der Flagge, des Wappens und der Hymne der Bundesrepublik Deutschlands. In Art. 22 GG ist die Bundesflagge festgelegt: schwarz-rot-gold. Es spielt keine Rolle, lieber Leser, ob sie eine starke emotionale Bindung zum Symbol der Bundesflagge haben oder nicht. Fest steht in jedem Fall, dass es Sachen gibt, die man mit der Bundesflagge auch nicht unter dem Vorwand der Kunstfreiheit in der Öffentlichkeit veranstalten sollte. Die Kunstfreiheit ist aber ein so hohes Rechtsgut, dass auch die Bundesflagge einigen „Unfug" aushalten muss, bevor die Grenze zur Straftat überschritten wird. Bedenken Sie auch, dass es ja nur diese Flagge gibt, um in der Sprache des bildenden Künstlers die soziale Realität mit dem Ideal des deutschen Staates zu verbinden. (Staatsziel und Verfassungsrealität). Die Verwendung der Bundesflagge und die Bezeichnung des Bildes muss der oben zitierte Politiker wohl ertragen. Dennoch ist er nicht gehindert, seine ablehnende Haltung nach Art. 5 Abs. 1 Satz 1 GG frei zu äußern.

# 9. Lektion

## Art. 6 Ehe, Lebensgemeinschaften, Familie, Kinder

### Fall 34

Großer Andrang im städtischen Zoo; jeder in der Stadt möchte das neugeborene Nilpferd sehen. Am Kassenhäuschen hängt ein Schild: „Heute Familientag. Eheleute und ihre Kinder jeweils halbe Preise." Vor dem Kassenhäuschen kommt es zum Tumult, weil der Kartenverkäufer nicht allen Personen den oben zitierten Preisnachlass gewähren möchte, die ihn wollen.

Bevor wir uns anschauen, welchen Personen und Gruppen der Kassierer keinen Preisnachlass gibt, gehen wir der Frage nach, ob denn die Stadt als Betreiberin des Zoos überhaupt Preisnachlässe auf Eintrittskarten einräumen darf.

Die Stadt erbringt eine allgemein zugängliche Leistung (Eintritt in der Zoo) zu unterschiedlichen Preisen. Die unterschiedlichen Eintrittspreise müssen dem Gebot der Gleichheit aller Menschen vor dem Gesetz und dem Willkürverbot aus Art. 3 GG standhalten; siehe auch Lektion 7. Die Ungleichbehandlung von Personen und Gruppen ist nur gerechtfertigt, wenn es für diese Differenzierung sachliche Gründe gibt.

Was bedeuten denn die Begriffe Ehe, Familie und Kinder aus Sicht des GG?

## Leitsatz 14

**Ehe und Familie**

**Ehe** ist die Vereinigung von **Mann** und **Frau** zu einer auf Lebenszeit angelegten **Lebensgemeinschaft**. Die Ehe kann nur nach den Vorschriften des Bürgerlichen Rechts geschlossen werden (Zivilehe; § 1310 BGB).
Der Begriff der **Familie** beschreibt die **soziale Gemeinschaft** zwischen den **Eltern** und ihren **Kindern**, die geprägt ist von dem Recht und der Pflicht der Eltern zur Pflege und Erziehung der Kinder; Art. 6 Abs. 2 Satz 1GG. Familie ist aber auch die Gemeinschaft dieser Personen zu anderen Angehörigen.

Nach Art 6 Abs. 1 GG stehen Ehe und Familie unter dem besonderen Schutz der staatlichen Ordnung.

Der Schutz durch das GG wirkt in zwei Richtungen:
**Erstens** handelt es sich um ein **Abwehrrecht** gegen staatlichen Maßnahmen. Der Schutzbereich der Ehe umfasst die eheliche Lebensgemeinschaft. Die Ehegatten regeln in Form einer gleichberechtigter Partnerschaft ihre Angelegenheiten in eigener Verantwortung, also ohne staatlichen Einfluss auf ihre Entscheidungen; siehe auch Lektion 24 zur Verfassungsbeschwerde.
**Zweitens** beinhaltet der Schutz von Ehe und Familie durch Art. 6 Abs. 1 GG eine **Institutsgarantie** und einen besonderen Gleichbehandlungsgrundsatz. Danach ist es verboten, Ehe und Familie gegenüber anderen Lebens- und Erziehungsgemeinschaften schlechter zustellen.

Auf den ersten Blick liegt hier keine Schlechterstellung vor, sondern eine bewusste Privilegierung von Eheleuten und deren Kindern. Aus Art. 6 Abs. 1 GG ergibt sich aber keine Pflicht, Ehegatten und Familien Rabatte auf Eintrittspreise zu gewähren. Die scheinbare „Ungleichbehandlung“ ist dennoch sachlich gerechtfertigt, weil die Stadt eine andere Rechnung aufstellt: Bei Ehegatten, insbesondere mit Kindern, gibt es statistisch eine hohe Wahrscheinlichkeit, dass nur ein Familienmitglied ein Einkommen hat. Ein Lediger muss -relativ betrachtet- weniger von seinem Einkommen ausgeben für den Zoo-Besuch, als eine ganze Familie mit einem Einkommen. Um Familien nicht schlechter zu stellen als z. B. Ledige, bekommen Familien von der Stadt Rabatt auf den Zoo-Eintritt. Und damit sind wir wieder im Schutzbereich des Art. 6 Abs. 1 GG angelangt.

Deshalb sollte man das Schild „Familientag“ anders lesen: Menschen, insbesondere Familienmitglieder mit geringem Pro-Kopf-Einkommen werden subventioniert. Um an der Kasse nicht die tatsächlichen Vermögensverhältnisse prüfen zu müssen, werden alle Familien gleichbehandelt. Ein Nebeneffekt ist dann, dass auch Familien, die im Porsche Cayenne S vorfahren, den Familienrabatt erhalten.
In diesem Sinne können auch andere Personen mit geringem Einkommen auf die Gewährung eines Rabattes auf den Eintrittspreis po-

chen. Das trifft auf Wehrpflichtige, Zivildienstleistende zu; das kann, aber muss nicht der Fall sein bei Schülern und Rentnern.

Ergänzung: Der Kassierer hat sehr traditionelle Vorstellungen darüber, was Ehe und Familie sind. Der Kassierer gibt Frau Müller (verheiratet) und ihrer Tochter keinen Rabatt, weil der Ehemann und Vater nicht dabei ist. Er hat sich vor drei Monaten von Frau Müller getrennt.

Die Ehe ist eine auf Lebenszeit angelegte Lebensgemeinschaft. Sie kann nur vor dem Standesbeamten geschlossen und durch Urteil des Familiengerichts geschieden werden; §§ 1310, 1564 BGB.

Die Entscheidung, getrennt zu leben, bedeutet keine Beendigung der Ehe. Trotz Aufhebung der ehelichen Lebensgemeinschaft bedeutet die Trennung nicht die Scheidung, weil es hierzu eines Antrages eines Ehegatten und der Feststellung durch ein Urteil des Familiengerichts bedarf, dass die Ehe gescheitert ist. Den Staat geht es nichts an, ob und weshalb die Eheleute zusammen oder lieber (vorübergehend bzw. dauerhaft) getrennt leben. Der Staat kann auch nicht bestimmte Vorstellungen über das eheliche Zusammenleben als Vorgabe festlegen. Im Ergebnis darf der Kassierer den Rabatt nicht davon abhängig, dass die Eheleute in vollkommener Harmonie gemeinsam den Zoo besuchen. Auch die „Restfamilie“, bestehend aus Mutter und Kind, ist durch Art. 6 Abs. 1 GG geschützt.

Ergänzung: An der Kasse steht Frau Meier (geschieden) mit Sohn Lars aus erster Ehe, ihr Lebenspartner Rüdiger (ledig) mit Adoptivtochter Yuan und dem gemeinsamen Kind Benjamin. Bekommt die Patchwork-Familie den Rabatt?

Bilden wir aus den Beteiligten zunächst kleine Gruppen:

a) Frau Meier und Rüdiger sind nicht verheiratet. Früher nannte man so etwas „wilde Ehe“, heutzutage nichteheliche Lebensgemeinschaft. Muss die Staat diese Form des Zusammenlebens genauso behandeln wie die Ehe?

Schwierige Frage, die sich nicht abschließend beantworten lässt. Nichts ist einem stärkeren Wandel unterworfen als das Zusammenleben von Menschen. Der Gesetzgeber kommt kaum hinterher, die rechtlichen Rahmenbedingungen anzupassen. Die allgemeine Handlungsfreiheit aus Art. 2 Abs. 1 GG verlangt, dass der Staat auch diese **Lebensform** akzeptiert und nach Art. 3 GG nicht diskriminiert. Gleichzeitig hebt das GG in Art. 6 Abs. 1 die Ehe hervor, ungeachtet des steten gesellschaftlichen Wandels. Auch für die Ehe gilt der Grundsatz der allgemeinen Handlungsfreiheit und das Diskriminierungsverbot, besonders hervorgehoben in Art. 6 GG.
Das alles besagt aber noch nichts zu dem Verhältnis der Ehe zur **nichtehelichen Lebensgemeinschaft**. Um der Lebenswirklichkeit gerecht zu werden, hat der Gesetzgeber in den letzten Jahrzehnten die Rechtsstellung der unverheirateten Erwachsenen und ihrer Kinder schrittweise verbessert und der Rechtsstellung von Ehegatten und ihren Kindern angenähert. Angenähert bedeutet aber nicht gleichgestellt! Der Unterschied zwischen beiden Formen der Lebensgemeinschaft ist nach den Vorstellungen des Gesetzgebers eben nicht nur das Fehlen der Heiratsurkunde. So gibt es immer noch Unterschiede im Namensrecht, den Unterhaltspflichten und im Erbrecht. Die Frage nach dem Preisrabatt für die Patchwork-Familie muss hier offen bleiben.

b) Hingegen ist ein kein Problem für Frau Meier und ihren Sohn, den Rabatt zu erhalten, weil sie „Restfamilie“ sind wie im ersten Ergänzungsfall.

c) Und nun zu Yuan und Benjamin. Auch sie werden zum halben Preis dem Familienglück der Nilpferdfamilie zuschauen dürfen.

> Für den Schutz der Familie aus Art. 6 Abs. 1 GG spielt es keine Rolle, ob die Kinder eheliche Kinder sind, nicht-eheliche Kinder, Adoptivkinder oder Pflegekinder.

Ergänzung: Peter und Paul stehen an der Kasse. Sie leben seit zwanzig Jahren zusammen.

Bekommt das Paar den Rabatt?

Auch hier gilt der Grundsatz, dass der Staat jede Form der Lebensgemeinschaft akzeptieren und nicht diskriminieren darf. So weit die Theorie. Das BVerfG legt den Begriff der Ehe in Art. 6 Abs. 1 GG traditionell als Lebensgemeinschaft von Mann und Frau aus. Die namentliche Hervorhebung der Ehe als schützenswerte Institution (Institutsgarantie) besagt nichts über die rechtliche Stellung gleichgeschlechtlicher Lebensgemeinschaften. Es hat auch hier einen Prozess des Umdenkens (und Einlenkens) gegeben. Seit 2001 haben zwei Personen gleichen Geschlechts die rechtliche Möglichkeit, eine Lebenspartnerschaft zu begründen und registrieren zu lassen mit der Folge, dass die Lebenspartner in einigen, aber nicht in allen Bereichen den Ehegatten gleichgestellt sind.
Der Kassierer wird den Preisnachlass Peter und Paul gewähren müssen, wenn sie eine eingetragenen Lebenspartnerschaft sind. Bei einer nicht eingetragenen Lebensgemeinschaft können Peter und Paul allenfalls versuchen, den Kassierer mit Argumenten zu bearbeiten, wie es schon die Patchwork-Familie getan hat.

## Fall 35

Anton und Ida erwarten Nachwuchs, besser gesagt Ida erwartet die Geburt ihres Sohnes. Die künftigen Eltern schmieden Zukunftspläne und treffen einige Entscheidungen für den Lebensweg ihres Kindes:
1) Das Kind soll den Vornamen „Susanne" haben. Ein solcher Vorname sei eine gute Schule fürs Leben und „härte" den Jungen ab.
2) Das Kind soll auf jeden Fall den naturwissenschaftlichen Zweig des Werner-von-Siemens-Gymnasiums besuchen. Die Eltern wollen das ganz alleine bestimmen.

Gibt es in Hinsicht auf Art. 6 GG Bedenken gegen diese Entscheidungen?

Zu 1):
Denken Sie bitte nicht, derartige Wünsche von Eltern habe es in der Wirklichkeit noch nicht gegeben.

## Leitsatz 15

**Eltern und Kinder**

Pflege und Erziehung der Kinder sind das natürliche Recht der Eltern und die zuvörderst ihnen obliegende Pflicht. Über ihre Betätigung wacht die staatliche Gemeinschaft; Art. 6 Abs. 2 GG. Hierbei haben die Eltern immer auch das **Wohl des Kindes** zu berücksichtigen.

Das Kind kann sich bei der Geburt noch nicht selbst einen Namen geben. Deshalb haben die Eltern aus Art. 6 Abs. 2 Satz 1 GG das Recht, ihrem Kind einen Vornamen zu geben. Der Vorname soll ausschließlich der Individualität einer Person Ausdruck verleihen, den Einzelnen bezeichnen und diesen von anderen unterscheiden. Die Wahl haben die Eltern in Ausübung der Verantwortung für das Kind zu treffen, wie ein Treuhänder. Die Eltern müssen bei der Wahl das Persönlichkeitsrecht des Kindes aus Art. 2 Abs. 1 GG berücksichtigen. Der Vorname hat besondere Bedeutung für die persönliche Entwicklung, weil er dem Kind verhilft, seine Identität zu finden und Individualität zu entwickeln. Die Wahl des Namens „Susanne" ist nicht Ausdruck dieser Verantwortung. Der Standesbeamte wird die Eintragung dieses Vornamens ablehnen. Denn die Eltern nehmen in Kauf, dass ihr Kind bei jeder Gelegenheit dem Spott und Hohn seiner Mitmenschen ausgesetzt sein wird. Der Fall wird auch nicht anders zu beurteilen sein, wenn die Eltern zusätzlich männliche Vornamen vergeben. Hingegen werden die Kombinationen „Rainer Maria" oder „Josef Maria" in katholischen Ecken des Landes nicht beanstandet werden, weil sie Ausdruck traditionell gewachsener Namensgebung sind.

Zu 2):
Die Entscheidung zur Wahl der Oberschule ist verfrüht, weil niemand weiß, ob das Kind auf diese Schule gehen möchte und ob diese Schulform seinem Lernniveau und -verhalten entsprechen wird. Wie schon zu 1) geht es auch bei der Schulwahl um das Persönlichkeitsrecht des Kindes, das die Eltern treuhänderisch wahrzunehmen haben. Häufig genug beachten die Eltern nicht das Wohl des Kindes (entgegen § 1631a BGB) und projezieren stattdessen ihre Wünsche auf das Kind. So bleibt es nicht aus, dass Schule zum Albtraum werden kann. Dennoch ent-

scheiden die Eltern alleine über dieses Thema. Es gibt keine staatliche Stelle, die den Elternwunsch übergehen kann.

## 10. Lektion Versammlungs-, Vereinigungsfreiheit

### Art. 8 Versammlungsfreiheit

#### Fall 36

Der Senat von Berlin gibt bekannt, die Haushaltsmittel für Krippen und Kindertagesstätten stark zu kürzen. Bereits im Laufe desselben Vormittages versammeln sich spontan Erzieher, Eltern und Kinder vor dem Rathaus, um mit Trillerpfeifen und Rasseln gegen die geplanten Haushaltskürzungen zu protestieren. Die Polizei ruft über Megaphon aus: „Die Versammlung ist aufgelöst, weil sie weder angemeldet noch erlaubt ist."

Wie ist die Rechtslage?

Es geht um das Grundrecht der Versammlungsfreiheit; umgangssprachlich auch Demonstrationsrecht genannt.

### Leitsatz 16

**Versammlungsfreiheit**

Alle Deutschen haben nach Art. 8 Abs. 1 GG das Recht, sich ohne Anmeldung oder Erlaubnis friedlich und ohne Waffen zu versammeln.

Geschützt sind Versammlungen. Das sind alle Zusammenkünfte von Menschen, die nicht rein zufällig sind (Ansammlungen). Die Teilnehmer einer Versammlung haben ein gemeinsames Anliegen, das sie verbindet. Zweck einer Versammlung ist es, dass die Teilnehmer dieses Anliegen, ihre gemeinsame Überzeugung o.ä. gemeinsam, also kollektiv äußern. Keine Versammlungen im Sinne des Art. 8 GG sind daher z. B. Karnevalsumzüge (weil Unterhaltung) oder Theatervorstellungen und Konzerte (weil kommerzielle Veranstaltungen).

In unserem Fall handelt es sich um eine politische Kundgebung. Sie ist friedlich, wenngleich quengelnde Kleinkinder einem ganz schön auf den Zeiger gehen können. Zudem sind Trillerpfeifen und Rasseln keine Waffen. Es handelt sich also um eine Versammlung im Sinne des Art. 8 Abs. 1 GG.

Die Teilnehmern können nach Art. 8 Abs. 1 GG daher demonstrieren ohne Anmeldung und Erlaubnis. Zu beachten ist jedoch, dass das Grundrecht nach Art. 8 Abs. 2 GG für Versammlungen unter freiem Himmel unter einem Gesetzesvorbehalt steht. Es gibt ein Versammlungsgesetz (VersammlG), das in seinem § 14 Abs. 1 festlegt, dass eine Versammlung 48 Stunden vorher anzumelden ist.
Das VersammlG steht damit offensichtlich in einem Widerspruch zu Art. 8 Abs. 1 GG. Die Juristen haben einen Trick, um den vermeintlichen Widerspruch aufzulösen: Die verfassungskonforme Auslegung nachrangiger Rechtsvorschriften. Art. 20 Abs. 3 GG bestimmt, dass alles dem GG nachrangige Recht, hier das VersammlG, so auszulegen ist, dass das vorrangige GG mit seinen Grundrechten und Verfassungsprinzipien zur Geltung kommen kann (Vorrang des Gesetzes). Eine formal nach dem VersammlG vorgesehene Grundrechtsbeschränkung muss im Lichte des Grundrechtes betrachtet werden. Es findet insoweit eine Wechselwirkung statt zwischen der Vorschrift, die die Einschränkung des Grundrechts generell zulässt und dem konkret zu schützenden Grundrecht selbst.
Das bedeutet in unserem Fall, dass es bei spontanen Versammlungen keiner Anmeldung bedarf, weil andernfalls das Grundrecht ausgehöhlt wird und tatsächlich gar nicht ausgeübt werden kann. Anders wäre der Fall, wenn eine Partei, die Gewerkschaften oder eine Initiative dazu aufrufen, in einer Woche vor dem Rathaus gegen die Kürzungen des Kita-Etats zu demonstrieren. Da es sich hier aber um eine spontane Kundgebung handelt, darf die Polizei die Versammlung nicht unter Hinweis auf die fehlende Anmeldung auflösen.

Ergänzung: Und wie sieht es mit der fehlenden Erlaubnis aus?

Art. 8 Abs. 1 GG stellt abschließend fest, dass die Teilnahme an Versammlungen keiner Erlaubnis bedarf. Das VersammlG kennt nur die Möglichkeit, Versammlungen zu verbieten. Solange es kein Verbot gibt, ist die Teilnahme zulässig. Das nennt man Verbotsvorbehalt.

Abwandlung: Die Polizei verkündet nun über Megaphon: „Geht alle sofort nach Hause. Es ist verboten, vor dem Rathaus zu demonstrieren."

Hier geht es um die Frage, ob das Grundrecht durch so genannte Bannkreise oder Bannmeilen beschränkt werden kann. Tatsächlich sieht das VersammlG in § 16 vor, dass Versammlungen an bestimmten Orten verboten sind. Diese Orte muss der Bund bzw. das Bundesland durch Gesetz vorher festlegen. Eine Bannmeile soll die Funktionsfähigkeit der Gesetzgebungsorgane sichern für den Fall, dass tausende Menschen den Bundestag oder die Länderparlamente belagern. Hier ist das Rathaus betroffen, eine Wirkungsstätte der Exekutive. § 16 VersammlG ist also nicht einschlägig.
Die Polizei muss sich wohl damit abfinden, dass vor dem Rathaus protestiert wird. Die Demonstration löst sich ohnehin von alleine auf, wenn die ersten Teilnehmer eine neue Windel benötigen.

Abwandlung: Die Polizei zieht ihre letzte Trumpfkarte: Sie fordert alle Teilnehmer ohne deutsche Staatsangehörigkeit auf, sofort nach Hause zu gehen, weil sie nicht demonstrieren dürfen.

Wie ist die Rechtslage?

Tatsächlich sieht Art. 8 Abs. 1 GG vor, dass nur Menschen mit deutscher Staatsangehörigkeit (vgl. Art. 116 GG) sich auf das Grundrecht der Versammlungsfreiheit berufen können. Das heißt aber nicht, dass jetzt alle ausländischen Teilnehmer nach Hause müssen. Denn das Recht, in der Öffentlichkeit mit anderen zusammen seine Überzeugungen zu vertreten und kundzutun, ist ein elementarer Ausdruck der individuellen Freiheit jedes Menschen.

> Versammlungen sind eine für die Demokratie unerlässliche Form der Meinungsäußerung und Meinungsbildung. Sie sind eine kollektive Ergänzung der Meinungsfreiheit und wesentlicher Ausdruck der Entfaltung der Persönlichkeit.

In diesem Sinne hat Art. 8 GG zwei Geschwister: Das Grundrecht auf freie Meinungsäußerung (Art. 5 Abs. 1 GG) und das allgemeine Grundrecht auf Entfaltung seiner Persönlichkeit (allgemeine Handlungsfreiheit nach Art. 2 Abs. 1 GG). Die beiden letztgenannten Grundrechte sind keine Bürgerrechte, sondern Menschenrechte. Daher können Ausländer, insbesondere unter Berufung auf Art. 2 Abs. 1 GG an Versammlungen teilnehmen.

Abwandlung: Die Erzieher, Eltern und Kinder verlagern den Ort des Protestes. Sie veranstalten auf der Kreuzung einer Hauptverkehrsstraße im Berufsverkehr ein „Sit-In". Während der Blockade fängt es an zu schneien und in der gesamten Innenstadt bricht der Verkehr zusammen. Nun rückt ein Polizist mit einem Megaphon an: „Guten Abend. Hinter mir sehen Sie ein Spezialfahrzeug, das unter dem Namen Wasserwerfer bekannt ist. Das Fahrzeug enthält 27.000 Liter besten Trinkwassers; die Pumpe schafft einen Druck von 20 bar. Ich zähle jetzt bis 3 und dann ist die Kreuzung frei. Andernfalls gebe ich Befehl, Sie mit unseren beliebten Wasserspielen bekannt zu machen. Ende der Durchsage."

Ist der angekündigte Einsatz des Wasserwerfers rechtmäßig?

Es kann wohl nicht angehen, dass der Wasserwerfer auch gegen Kinder eingesetzt wird. Aber gegen die Erwachsenen? Versuchen wir, den Fall juristisch zu klären.

Der Wasserwerfereinsatz wäre rechtswidrig, wenn damit Grundrechte der Teilnehmer verletzt werden. Die Teilnehmer berufen sich auf ihre Versammlungsfreiheit. Ihre Kundgebung ist friedlich und damit vom GG geschützt, weil sie keine Gewalt anwenden. Sie leisten ja keinen Widerstand, sondern haben sich auf die Straße gesetzt. Das ist zwar ein schlechtes Vorbild für die Kinder, aber es ist nicht verboten, insbesondere dann nicht, wenn man demonstriert, um in der Öffentlichkeit Aufmerksamkeit für sein Anliegen zu wecken.

Die Polizei beruft sich ihrerseits auf 15 VersammlG. Danach kann eine Versammlung verboten werden, wenn die **öffentliche Sicherheit und Ordnung** unmittelbar gefährdet ist; eine verbotene Veranstaltung wäre dann aufzulösen. Es gibt also eine gesetzliche Grundlage im Sinne des Art. 8 Abs. 2 GG, um das Grundrecht einzuschränken.

Öffentliche Sicherheit und Ordnung ist ein Sammelbegriff aus dem Polizeirecht.

a) Die öffentliche Sicherheit umfasst den Bestand der Rechtsordnung und der grundlegenden Einrichtungen des Staates, ferne die Gesundheit, Ehre, Freiheit, Eigentum und sonstigen Rechtsgüter der Bürger.

b) Die öffentliche Ordnung umfasst die Gesamtheit der ungeschriebenen Regeln, deren Befolgung nach den jeweils herrschenden sozialen und ethischen Anschauungen als unerlässliche Voraussetzungen menschlichen Zusammenlebens innerhalb eines bestimmten Gebietes angesehen wird.

Der Begriff der öffentlichen Sicherheit und Ordnung ist eine **Generalklausel** für das Eingreifen der Ordnungsbehörden und der Polizei, soweit eine Gefahr oder Störung vorliegt.

Das Sit-In blockiert den Straßenverkehr und behindert damit andere Menschen, die Straßen zu Verkehrszwecken zu nutzen. Außerdem gehört es zu einem geregelten Leben in einer Stadt, dass der Verkehr ohne Behinderung fließen kann. Wir können als weiteres Zwischenergebnis damit festhalten, dass die Blockade die öffentliche Sicherheit und Ordnung unmittelbar gefährdet. Das leuchtet auch ein, weil ja schon nach Art. 2 Abs. 1 GG die Ausübung der persönlichen Freiheit seine Grenze findet, wenn Rechte anderer Menschen beeinträchtigt werden. Da macht es nichts, dass der Verkehr auch schon ohne Blockaden und Demonstrationen meist nicht reibungslos fließt.
Die Feststellung, dass die Versammlung den Verkehr massiv beeinträchtigt, reicht jedoch nicht, um den Eingriff in die Grundrechte der Protestierer zu rechtfertigen. Erforderlich ist nämlich zusätzlich, dass die konkrete Maßnahme der Polizei die Grundrechte der Teilnehmer an der Versammlung beachtet. Die Entscheidung, die Versammlung zu verbieten und damit aufzulösen, steht nämlich im Ermessen der Polizei. Das Wort „kann“ in einer Rechtsnorm bedeutet, dass das Gesetz nicht automatisch und zwingend eine Auflösung vorschreibt, sobald die öffentliche Sicherheit und Ordnung gefährdet ist. Anders ist es, wenn das Gesetz das Wort „ist“ verwendet: Dann folgt aus der Feststellung des

Tatbestandes automatisch die Rechtsfolge (gebundene Entscheidung). Ermessen bedeutet, dass die Polizei eine **Entscheidung mit Augenmaß** treffen muss. Sie muss die gesamten Umstände berücksichtigen und eine Abwägung treffen. In unserem Fall geht es darum, dass der **Grundsatz der Verhältnismäßigkeit** gewahrt wird. Vgl. hierzu Lektion 5 und Verwaltungsrecht - *leicht gemacht*, Lektion 7.
Der Grundsatz der Verhältnismäßigkeit wird aus dem Prinzip des Rechtsstaates (Art. 19, 20 GG) hergeleitet und bedeutet, dass der Staat nicht übertrieben reagieren darf (Übermaßverbot: Nicht mit Kanonen auf Spatzen schießen).
Der Einsatz des Wasserwerfers muss a) notwendig, b) geeignet und c) verhältnismäßig sein. Der angekündigte Maßnahme ist notwendig, um die Beeinträchtigung der Rechte Dritter und Leichtigkeit des Verkehrs wiederherzustellen.
Der Einsatz des Wasserwerfers ist auch geeignet (zwecktauglich), weil damit die Kreuzung ruckzuck wieder frei ist.
Der Einsatz ist jedoch nicht verhältnismäßig, weil die **Rechtsgüterabwägung** fehlerhaft ist. Die Polizeimaßnahme soll den Verkehrsstau beenden. Dagegen steht das elementare Grundrecht auf Versammlungsfreiheit, das höher zu bewerten ist als die Leichtigkeit des Verkehrs. Zudem gefährdet der Einsatz des Wasserwerfers im Winter die Gesundheit der Versammlungsteilnehmer. Der Einsatz des Wasserwerfers ist unzulässig. Die Polizei muss ein milderes Mittel in Erwägung ziehen, um die Kreuzung zu räumen, z. B. das Wegtragen der Teilnehmer.

## Fall 37

Der Verein „Freunde der deutschen Marschmusik“ veranstaltet im Stadttheater ein Konzert unter dem Motto „Wir wollen unser′n Kaiser wiederhaben!“ Der Veranstalter meint damit nicht Franz Beckenbauer. Der Verein nutzt das Konzert als Vorwand, um für die Wiedereinführung der Monarchie in Deutschland zu werben. Presse und Polizei erfahren von den wahren Absichten des Veranstalters. Kurz vor dem Veranstaltung versammeln sich viele hundert Menschen vor dem Stadttheater, um gegen das vermeintliche Konzert und die politische Gesinnung der „Konzertbesucher“ zu protestieren. Dabei werden Menschen gehindert, das Stadttheater zu betreten und es kommt zu gegenseitigen Provokationen. Bambule liegt in der Luft.

Darf die Polizei tatenlos zusehen?

Nein, schon aus historischen Gründen nicht. In der Zeit der Weimarer Republik hat die Polizei bei solchen politischen Konfrontationen tatenlos zugeschaut; das Ergebnis war die Machtergreifung durch die Nazis und ein Weltkrieg.

Zurück zur Frage, ob das GG ein Einschreiten der Polizei erfordert. Die Polizei steckt hier in einem Dilemma wie die Feuerwehr, die nur einen Schlauch hat, aber zwei Brandherde. Bei einem Einsatz der Polizei ist das Grundrecht auf Versammlungsfreiheit zu berücksichtigen. Denn alle anwesenden Menschen werden sich auf dieses Grundrecht berufen. Die „Konzertbesucher" nehmen für sich in Anspruch, an einer politischen Veranstaltung teilzunehmen; ebenso die Menschen, die dagegen protestieren (Gegendemonstration). Schauen wir uns beide Versammlungen etwas genauer an:

Thema der Versammlung im Stadttheater ist die Wiedereinführung der Monarchie. Nach Art. 20 Abs. 1 und 2 GG ist die Bundesrepublik Deutschland ein Republik, bei der alle staatliche Macht vom Volk ausgeht und nicht von einer Kaste Adliger. Außerdem gehört das Prinzip der demokratischen Republik mit einem bürgerlichen Bundespräsidenten zu den Grundlagen der verfassungsmäßigen Ordnung, das nicht einmal durch eine Änderung des GG umgestoßen werden kann; vgl. Art. 79 Abs. 3 GG. Das vermeintliche Konzert stellt somit eine unmittelbare Gefahr für die öffentliche Sicherheit dar. Die Folge ist das Verbot der Veranstaltung und deren Auflösung mit Polizeimitteln. Zu berücksichtigen ist jedoch, dass das „Konzert" in einem geschlossenen Raum stattfindet. Nach Art. 8 Abs. 2 stehen nur Versammlungen unter freiem Himmel unter einem Gesetzesvorbehalt.

Bedeutet das, dass die Polizei die Versammlung im Stadttheater nicht auflösen kann?

Doch, sie kann! Auch hier haben die Juristen einen Trick parat, den sie verfassungsimmanente Grenzen von Grundrechten nennen. Das ist eine Methode der Auslegung bei der Kollision von verschiedenen Grundrechten und Grundrechtsträgern. Es ist allgemein anerkannt, dass der Staat nicht tatenlos zuschauen darf, wenn die Ausübung von Grundrechten in die ebenfalls geschützte Rechtsposition anderer Menschen massiv eingreift oder so gar die Verfassungsprinzipien in Frage gestellt werden. Siehe auch Lektion 5. Deshalb sehen §§ 5 und 13

VersammlG vor, dass auch Versammlungen in geschlossenen Räumen verboten und aufgelöst werden können, wenn der Veranstalter oder sein Anhang Ansichten vertreten, die ein Verbrechen oder ein von Amts wegen zu verfolgendes Vergehen zum Gegenstand haben. Die Polizei wird also ermitteln, ob der Verdacht einer Straftat gegen den Bestand der Bundesrepublik Deutschland und ihre Verfassungsgrundsätze vorliegt. Vgl. auch Lektion 11 zur FDGO.

Kommen wir nun zur Gegendemonstration. Das Grundrecht auf Versammlungsfreiheit wird nur Menschen garantiert, die sich friedlich versammeln. Gewalt ist es schon, andere Menschen am Zugang zum Theater zu behindern. Dabei spielt es keine Rolle, dass die Monarchisten an einer verbotenen Veranstaltung teilnehmen wollen. Denn das Gewaltmonopol liegt beim Staat, hier der Polizei. Eine Art Selbsthilferecht gibt es nur, wenn der Staat versagt; lesen Sie Art. 20 Abs. 4 GG.
In der Praxis ist es sehr schwierig für die Polizei, die Lage immer richtig einzuschätzen und rechtzeitig auf beide Veranstaltungen zu reagieren. Häufig genug nutzen Hitzköpfe die Situation aus, um die Lage durch gezielte Gewalt außer Kontrolle geraten zu lassen, so dass der Polizei keine Wahl mehr bleibt, angemessen vorzugehen. Demokratie und Grundrechtsschutz sind ein mühsames Geschäft.

## Art. 9 Vereinigungsfreiheit

### Fall 38

Peter und Paul aus Hannover haben beschlossen, eine Gesellschaft zu gründen, um gemeinsam im Internet Herrenbekleidung für gehobene Ansprüche unter der Bezeichnung „Die flotten Zwei" anzubieten.

Dürfen Peter und Paul ohne staatliche Genehmigung eine Gesellschaft gründen?

Ja, das steht sogar im GG.

> Alle Deutsche haben das Recht, Vereine und Gesellschaften zu bilden; Art. 9 Abs. 1 GG.

Die Freiheit, ein Unternehmen auf gemeinsame Rechnung zu führen, wird durch das GG geschützt. Eine Besonderheit ist, dass die Rechtsordnung die Anzahl und Art der Rechtsformen festlegt, die eine solche Gesellschaft haben kann und welche Folgen das für die Haftung und den Geschäftsverkehr hat. In unserem Fall ist der Zusammenschluss von Peter und Paul zu dem Zweck, ein Unternehmen gemeinsam zu betreiben von Gesetzes wegen eine Gesellschaft bürgerlichen Rechts (GbR; § 705 BGB). Ist das Unternehmen so groß, dass eine kaufmännische Organisation erforderlich ist, dann ist diese Gesellschaft von Gesetzes wegen automatisch eine so genannte Offene Handelsgesellschaft (OHG; §§ 105, 1 HGB). Als OHG ist sie verpflichtet, bestimmte Angaben auf Geschäftsbriefen zu machen, sich in ein Handelsregister eintragen zu lassen und kaufmännische Bücher zu führen. Einzelheiten siehe Wirtschaftsrecht - leicht gemacht, Lektionen 3 und 8.
Im Übrigen berührt das Betreiben eines Unternehmens immer auch das Grundrecht aus Art. 12 GG. Es gilt der Grundsatz der Gewerbefreiheit. Peter und Paul müssen die Aufnahme des Gewerbes zwar beim Gewerbeamt anzeigen, eine staatliche Genehmigung ist jedoch nicht erforderlich, § 7 HGB. Nur zum Schutz vorrangiger Rechtsgüter der Allgemeinheit besteht die Pflicht, eine staatliche Konzession zu erweben (z. B. Immobilienmakler); siehe hierzu Lektion 11.

Ergänzung: Peter und Paul erhalten Post.

1) Der örtliche Fußballverein weist darauf hin, dass fast alle Unternehmen im Ort Mitglieder und Förderer des Vereins sind. Man erwarte, dass auch Peter und Paul die anliegende Beitrittserklärung unter zeichnen.
2) Die Industrie- und Handelskammer begrüßt die GbR als neues Mitglied. Peter und Paul wundern sich, weil sie keinen Beitritt zur IHK erklärt haben.

Wie ist die Rechtslage?

Zu 1):
Die Freiheit, Vereine und Gesellschaften zu gründen, schließt das Recht ein, ihnen fernzubleiben. Peter und Paul sind nicht verpflichtet, dem Fußballverein beizutreten (negative Vereinigungsfreiheit). Das kennen wir schon aus der Lektion 13 zur Glaubens- und Bekenntnisfreiheit.

Zu 2):
Eine Beitrittserklärung ist gar nicht erforderlich, weil die GbR kraft Gesetzes (IHK-Gesetz) Mitglied dieser öffentlichrechtlichen Körperschaft ist. Aufgabe der örtlichen IHK ist es u.a., das Gesamtinteresse aller Gewerbetreibenden im Bezirk wahrzunehmen, die gewerblichen Wirtschaft zu fördern, die wirtschaftlichen Interessen einzelner Gewerbezweige oder Betriebe abwägend und ausgleichend zu berücksichtigen; ihr obliegt es auch, durch Vorschläge, Gutachten und Berichte die Behörden zu unterstützen und zu beraten sowie für Wahrung von Anstand und Sitte des ehrbaren Kaufmanns zu wirken (**Selbstverwaltung**). Bei einer gesetzlich angeordneten **Pflichtmitgliedschaft** hilft Art. 9 Abs. 1 GG nicht weiter. Die GbR ist Pflichtmitglied, basta.

## Fall 39

Gertrud ist staatlich geprüfte medizinisch-technische Röntgenassistentin. Das Kreis-Krankenhaus, in dem sie ihren Beruf erlernt hat, ist grundsätzlich bereit, ihr einen Arbeitsplatz in dem Beruf anzubieten. Bedingung ist aber, dass sie nicht Mitglied in einer Gewerkschaft ist.

Wie ist die Rechtslage?

Zunächst ist zu prüfen, ob denn überhaupt ein Lebensbereich betroffen ist, in dem Grundrechte zum Zuge kommen können. Dagegen spricht zunächst, dass Gertrud mit dem Kreis-Krankenhaus einen Arbeitsvertrag abschließen möchte. Die Beteiligten stehen sich nicht im Verhältnis von Bürger und Staat (Unter-Überordnungsverhältnis) gegenüber, sondern als Vertragsparteien im Privatrecht auf gleicher Augenhöhe. Dennoch spielen hier die Grundrechte eine Rolle, nämlich durch die so genannte Drittwirkung (siehe auch Lektion 7), die im Arbeitsrecht besonders ausgeprägt ist; zumal es sich um ein öffentliches Krankenhaus handelt.

Wessen Grundrechte sind betroffen?

Gertrud soll die Freiheit genommen werden, gleichzeitig Angestellte und Mitglied einer Gewerkschaft zu sein. Insoweit ist offensichtlich ihre Vereinigungsfreiheit aus Art. 9 GG betroffen.
Außerdem geht es darum, ob die generelle Ablehnung von Gewerkschaftsmitgliedern durch diesen Arbeitgeber eine grundrechtlich ge-

schützte Position der Gewerkschaften berührt. Ausgangspunkt ist Art. 9 Abs. 3 GG:

> Das Recht, zur Wahrung und Förderung der Arbeits- und Wirtschaftsbedingungen Vereinigungen zu bilden, ist für jedermann und für alle Berufe gewährleistet. Abreden, die dieses Recht einschränken oder zu behindern suchen, sind nichtig, hierauf gerichtete Maßnahmen sind rechtswidrig.

Solche Vereinigungen im Sinne des Art. 9 Abs. 3 GG werden **Koalitionen** genannt; deshalb spricht man von Koalitionsfreiheit. Bitte nicht verwechseln mit der politischen Bedeutung dieses Wortes: Vertragliche Zusammenarbeit zwischen politischen Parteien, um im Parlament eine Regierungsmehrheit zu bilden.

> Koalitionen der Arbeitnehmer sind die Gewerkschaften. Die Arbeitgeber sind in Arbeitgeberverbänden organisiert. Kennzeichen einer Koalition nach Art. 9 Abs. 3 GG sind:
>
> Gegnerfreiheit, Unabhängigkeit und überbetriebliche Organisation.

Das Grundrecht der Koalitionsfreiheit umfasst auch das Recht, sich aktiv zu betätigen.
Die pauschale Nichtberücksichtigung von gewerkschaftlich organisierten Arbeitnehmern in diesem Betrieb schließt faktisch aus, dass Gewerkschaften auf dem vom Art. 9 Abs. 3 geschützten Gebiet hier tätig werden können.

## Fall 40

Gertrud ist jetzt im Kreis-Krankenhaus angestellt. Sie stellt fest, dass jeder Krankenpfleger und medizinische Assistent unterschiedlichen Lohn bekommt. Auch die Arbeits- und Pausenzeiten sind nicht einheitlich geregelt sind. Die im Krankenhaus vertretene Gewerkschaft droht mit einem Streik, um das Chaos bei den Arbeitsbedingungen zu beseitigen.

Darf die Gewerkschaft das?

Ja! Art. 9 Abs. 3 GG wird umgangssprachlich als „Streikrecht" bezeichnet.

> Art. 9 Abs. 3 GG gewährleistet das Recht, einen **Arbeitskampf** zu führen (Streik, Aussperrung) mit dem Ziel, z. B. einheitliche Arbeitsbedingungen durchzusetzen. Ziel eines Arbeitskampfes sind der Abschluss von Betriebsvereinbarungen oder Tarifverträgen, mit denen generell der Inhalt, der Abschluss und die Beendigung von Arbeitsverhältnissen oder betriebsverfassungsrechtliche Fragen verbindlich und in der Wirkung einer Rechtsnorm ähnlich geregelt werden. Der Staat darf sich weder in Verhandlungen der Tarifpartner noch in Arbeitskämpfe einmischen (**Tarifautonomie**). Er kann aber das Ergebnis von Tarifverträgen für allgemeinverbindlich erklären.

Das Recht, einen Arbeitskampf zu führen, ist kein Freibrief für beliebige Aktionen. Es besteht die gegenseitige Pflicht zur Rücksichtnahme. In unserem Fall darf die Niederlegung der Arbeit nicht dazu führen, dass die Patienten auf der Intensivstation zu Schaden kommen. Die Notversorgung muss trotz Streiks gewährleistet bleiben. Deshalb werden während eines rechtlich zulässigen Streiks keine Atomkraftwerk explodieren oder Kohlengruben mit Wasser voll laufen.
Die Pflicht zur Rücksichtnahme trifft auch die Arbeitgeber. Das Gegenmittel zur Arbeitsniederlegung ist die Aussperrung. Da die Arbeit Existenzgrundlage der Arbeitnehmer ist (soziale Abhängigkeit), kommt eine Aussperrung nur dann in Betracht, wenn es keine andere, effektive Maßnahme gibt (ultima-ratio, Grundsatz der Verhältnismäßigkeit).

Abwandlung: Im Kreis-Krankenhaus gibt es nunmehr einen Tarifvertrag, der eine Laufzeit von fünf Jahren hat.

Können die Mitarbeiter in dieser Zeit folgende Maßnahmen durchführen?

a) Wegen der hohen Inflation verlangen die Angestellten einen Zuschlag auf den vereinbarten Tariflohn.

b) Die Bundesregierung plant, den Sonntag als werkfreien Tag abzuschaffen; hiergegen soll protestiert werden.

Zu a):
Während der Laufzeit eines Tarifvertrages besteht Friedenspflicht. „Wilde“ Streiks sind nicht zulässig. Die Gewerkschaft müsste zunächst den Tarifvertrag mit Rücksicht auf die unerwarteten Steigung der Lebenshaltungskosten kündigen. Anders wäre der Fall, wenn der Tarifvertrag gekündigt ist und die Tarifparteien den gegenseitigen Verhandlungsdruck aufbauen. In dieser Phase sind so genannte Warn-Streik begrenzt zulässig.

Zu b):
Ziel der Maßnahme ist nichts, was durch Tarifvertrag geregelt werden kann (Kampfziel). Der Protest richtet sich gegen ein Gesetzesvorhaben. Politische Streiks sind aber nicht zulässig. Selbstverständlich steht es den Angestellten des Krankenhauses frei, von ihrem Grundrecht aus Art. 8 GG Gebrauch zu machen, sich zu politischen Themen in öffentlichen Versammlungen zu äußern; jedoch nur außerhalb der Arbeitszeiten. Eine andere rechtliche Richtung bekommt der Protest gegen die Abschaffung des Sonntages als allgemeinen Ruhetag, wenn der Arbeitgeber jetzt schon ankündigt, deshalb künftig besondere tarifvertragliche Regelung zur Arbeitszeit und Bezahlung zu ändern. Dann geht es ja auch um ein Kampfziel.
Einzelheiten zu diesem Thema in Arbeitsrecht - *leicht gemacht*, Lektion 11, und in Wirtschaftsrecht - *leicht gemacht*, Lektion 20.

## 11. Lektion Freizügigkeit, EU-Grundfreiheiten, Berufsfreiheit

### Art. 11 Freizügigkeit und EU-Grundfreiheiten

#### Fall 41

Die 16jährige Marion aus Weiden/Oberpfalz hat keinen Bock mehr auf Schule. Auch die Eltern gehen ihr gehörig auf den Zeiger und sie hat Stress mit ihrem Freund. Marion trifft drei Entscheidungen für ihre Zukunft:

a) Sie möchte von zu Hause ausziehen und künftig in Hamburg in einer Wohngemeinschaft leben.

b) Sie möchte ihren Cousin in Kanada besuchen.
c) Sie möchte im Sommer auf Ibiza in einer Diskothek arbeiten.

Alles klar, oder gibt es da rechtliche Probleme?

Zu a):
Freizügigkeit ist ein Grundrecht. Das Grundrecht wird aber eingeschränkt durch das Sorgerecht ihrer Eltern. Da Marion noch minderjährig ist, steht ihren Eltern das Sorgerecht über ihre Person zu (§ 1626 BGB). Das Sorgerecht umfasst auch das Recht der Eltern, den Aufenthalt und den Wohnort für Marion zu bestimmen (§ 1631 BGB). Entweder wartet Marion noch bis zu ihrem 18. Geburtstag oder sie bittet ihre Eltern vorher um Zustimmung für ihren Umzug. Ab 18 kann Marion auf jeden Fall selbst entscheiden, wo sie künftig wohnen und leben möchte. Das garantiert das GG als Bürgerrecht.

## Leitsatz 17

**Freizügigkeit**

Alle Deutschen genießen nach Art. 11 Abs. 1 GG **Freizügigkeit** im ganzen Bundesgebiet. Einschränkungen der Freizügigkeit sind nach Abs. 2 durch Gesetz oder auf Grund eines Gesetzes nur möglich aus Gründen der Fürsorge (Betreuung), zur Abwehr einer drohenden Gefahr für den Bestand oder die **freiheitlich demokratische Grundordnung**, bei Seuchengefahr, bei Naturkatastrophen, bei schweren Unglücksfällen, zum Schutze der Jugend oder zur Vorbeugung gegen Straftaten.

Ergänzung zu a): Was ist eigentlich die freiheitlich demokratische Grundordnung (FDGO)?

Der Begriff taucht im GG und bei seiner Auslegung gelegentlich auf, wird aber dort nicht definiert. Die FDGO dient als Rechtfertigung für Einschränkungen von Grundrechten, weil der Staat sich nicht von Personen, die seinen Bestand gefährden, auf der Nase rumtanzen lässt. Die Funktionsfähigkeit eines demokratischen Rechtsstaates setzt nun mal voraus, dass der Staat sich bei Bedarf wehren kann; selbstverständlich demokratisch kontrolliert. Eine akzeptable Definition für die FDGO findet man, wen wundert's, im StGB: § 92 StGB beschreibt die Verfassungsgrundsätze, die nicht verletzt werden dürfen, andernfalls eine Anklage wegen Friedensverrats, Hochverrats oder Gefährdung des demokratischen Rechtsstaates drohen. Ähnlich ist es mit dem unbestimmten Rechtsbegriff der „verfassungsmäßigen Ordnung" in Art. 2 Abs. 1 GG, siehe nachfolgend zu b).

Zu b):
Unterstellen wir, dass Marion die Erlaubnis von ihren Eltern bekommt, dann kann sie mit einem Reisepass hinreisen, wohin sie möchte. Bedingung für die Einreise in ein anderes Land ist nach Völkerrecht grundsätzlich ein Reisepass und manchmal auch ein Visum. Ob man einen Reispass und ein Visum benötigt, hängt vom Reiseziel und vom Zweck der Reise ab (Tourist, Arbeit, Studium, Au-Pair). Das Recht auf Ausreise und der Anspruch auf Erteilung eines Reisepasses folgen nicht aus Art. 11 GG. Einschlägig ist hier Art. 2 Abs. 1 GG (allgemeine Handlungsfreiheit), der die freie Entfaltung der Persönlichkeit garantiert, soweit nicht die Rechte anderer Personen verletzt werden oder gegen die verfassungsmäßige Ordnung bzw. das Sittengesetz verstoßen wird. Einen Reisepass bekommt also nur derjenige, der sich beim Antrag auf Erteilung eines Passes z. B. nicht als Terrorist oder Spinner outet.

Zu c):
Hier geht es um die Ausreise in ein anderes EU-Mitgliedsland und um die Aufnahme einer Arbeit im Ausland. Das ist auch eine Form von Freizügigkeit, die jedoch nicht vom GG geschützt wird. Insbesondere kann das GG nicht regeln, ob man berechtigt ist, im Ausland eine Arbeit aufzunehmen. Denn jede Verfassung eines Landes kann Sachverhalte regeln und Rechte gewährleisten nur in Bezug auf seinen Geltungsbereich; das ist das Staatsgebiet der Bundesrepublik Deutschland (Staatsgewalt = Staatsgebiet, Lektion 1). Ibiza gehört noch nicht dazu, auch nicht im Sommer.

Die Möglichkeit, in andere EU-Länder zu reisen und dort zu arbeiten, wird inzwischen als Selbstverständlichkeit angesehen. Es gibt hierzu auch eine rechtliche Grundlagen, die etwas mit Grundrechten zu tun haben. Die Reisefreiheit und die Niederlassungsfreiheit haben ihre rechtliche Grundlagen in einem völkerrechtlichen Vertrag, das ist ein Vertrag zwischen souveränen Staaten, dem EG-Vertrag. Der EG-

Vertrag gibt jedem Bürger eines EU-Mitgliedstaates (Unionsbürger) unmittelbar Rechte, so genannten Grundfreiheiten. Diese Grundfreiheiten wirken wie Grundrechte. D. h., dass jeder Unionsbürger sich hierauf berufen kann, auch wenn er sich im Ausland befindet. Das GG endet an der Zugspitze, die EU-Grundfreiheiten reisen mit über die Alpen!

Ergänzung: Wie kann denn ein völkerrechtlicher Vertrag zwischen Staaten den Bürgern in den jeweiligen Mitgliedsstaaten Rechte gewähren? Dafür ist doch ausschließlich die Verfassung jedes Landes allein zuständig, oder?

Nach Art. 23 Abs. 1 GG wirkt die Bundesrepublik Deutschland zur Verwirklichung eines vereinten Europa bei der Entwicklung der Europäischen Union (EU) mit. Die EU soll den demokratischen, rechtsstaatlichen, sozialen und föderativen Grundsätzen verpflichtet sein und einen Grundrechtsschutz gewährleisten, der dem des GG entspricht.

So ähnlich steht es schon in der Präambel, dem Vorwort zum GG: „ ... von dem Willen beseelt, als gleichberechtigtes Glied in einem vereinten Europa dem Frieden der Welt zu dienen, ...“

Die Reise- und Niederlassungsfreiheit ist keine Idee zur Förderung des Tourismus und der Völkerverständigung. Die EU ist seit den Verträgen von Rom (1958) dem Grundsatz einer offenen Marktwirtschaft mit freiem Wettbewerb verpflichtet. Wesentliches Element ist der Binnenmarkt (Art. 4 und 14 EG-Vertrag; Einzelheiten in Wirtschaftsrecht - *leicht gemacht*, Lektion 24 und 25).

Der Binnenmarkt der EU-Mitgliedsstaaten ist ein einheitlicher Wirtschaftsraum ohne nationale Binnengrenzen, in dem der freie Verkehr von Waren, Personen, Dienstleistungen und Kapital gemäß den gemeinsamen Zielen gewährleistet ist (Art. 14 Abs. 2 EG-Vertrag).

Aus der Verpflichtung der Mitgliedsstaaten zur Schaffung eines Binnenmarktes folgen vier handfeste Grundfreiheiten für jeden EU-Bürger:

## Leitsatz 18

**EU-Grundfreiheiten**

1. **Freiheit des Warenverkehrs** (Art. 23 EGV), umgesetzt durch Abschaffung der Binnenzölle und der Beschränkungen im Handel zwischen den Mitgliedsstaaten, gleichzeitig gemeinsame Regelungen für den Handel mit Nicht-EU-Staaten (Zollunion nach Art. 131 EGV, z. B. Handelsbeschränkungen zum Schutz europäischer Industriezweige oder heimischer Agrarerzeugnisse vor der preiswerteren Konkurrenz aus Übersee);

2. **Freiheit des Personenverkehrs**, das beinhaltet
   a) die **Freizügigkeit** für Arbeitnehmer (Art. 39 EGV); wegen der unterschiedlichen sozialen Standards in den Mitgliedsstaaten, inbesondere in den neueren Mitgliedern ist sie noch nicht vollständig umgesetzt;
   b) die **Niederlassungsfreiheit** für Unternehmen (Art. 43, 48 EGV), wird bereits stark genutzt (§ 13d HGB);

3. **Freiheit der Dienstleistungen** (Art. 49 EGV);

4. **Freiheit des Zahlungs- und des Kapitalverkehrs** (Art. 56 EGV).

Es gibt noch eine fünfte Grundfreiheit, die aus den oben zitierten vier anderen Grundfreiheiten unmittelbar folgt: Das Diskriminierungsverbot. Niemand darf im Inland benachteiligt werden, nur weil er aus einem anderen EU-Staat stammt. Näheres zum Thema Diskriminierungsverbot und Art. 3 GG in der Lektion 7.

## Art. 12 Berufsfreiheit

### Fall 42

Willi ist ein durchschnittlicher Schüler in der 10. Klasse. Die Lehrer predigen jeden Tag, dass er sich doch etwas mehr anstrengen solle bei den Klassenarbeiten, damit er einen „anständigen" Beruf lernen kann. So ein Quatsch, denkt Willi, cool bleiben; selbst saumäßige Schulleistungen reichen allemal für die Lehrstelle als Automechaniker. Kennen denn die Lehrer Art. 12 Abs. 1 Satz 1 GG nicht? Dort steht: „Alle Deutschen haben das Recht, Beruf, Arbeitsplatz und Ausbildungsstätte frei zu wählen."

Kann Willi darauf vertrauen, dass er auf jeden Fall einen Ausbildungsplatz in seinem Traumberuf bekommt?

Man muss nicht Jurist sein, um die realistische Antwort auf diese Frage zu kennen: Nein. Ausbildungsbetriebe suchen sich Bewerber nach Noten und nach dem Ergebnis von Eignungstests aus.
Dürfen Unternehmen das denn? Im GG steht doch das Gegenteil: Freie Berufswahl, nix Noten und Tests! Und selbst in Art. 12 Abs. 1 Satz 2 GG steht doch, dass nur die Berufsausübung durch Gesetz oder auf der Grundlage eines Gesetzes geregelt werden kann. Nach dem Wortlaut stehen die Berufswahl und die Berufsausbildung nicht unter einem solchen Gesetzesvorbehalt. Das BVerfG hat in seiner Rolle als „Hüter der Verfassung" die Voraussetzungen und Grenzen der Berufsfreiheit nach dem Grundsatz der Verhältnismäßigkeit definiert (Vorbehalt des Gesetzes und den Grundsatz der Verhältnismäßigkeit siehe auch Lektion 5).

## Leitsatz 19

**Berufsfreiheit und Beschränkungen**

Art. 12 Abs. 1 GG enthält ein allgemeines Grundrecht auf Berufsfreiheit. Das Grundrecht umfasst die Freiheit der **Berufsausübung** und die Freiheit der **Berufswahl,** einschließlich des Rechts auf berufliche und universitäre **Ausbildung.**
Einschränkungen der Berufsfreiheit sind durch Gesetz oder auf der Grundlage eines Gesetzes nur nach dem so genannten Drei-Stufen-Modell zulässig:

1. Einschränkungen der Berufsausübung sind schon zulässig, soweit vernünftige Erwägungen des Gemeinwohls sie zweckmäßig erscheinen lassen.

2. Die Freiheit der Berufswahl kann nur in Ausnahmefällen beschränkt werden, nämlich nur zum Schutz wichtiger Gemeinschaftsgüter. Die Beschränkung durch subjektive Zulassungsvoraussetzungen für bestimmte Berufe muss durch eben diese wichtigen Gemeinschaftsgüter zwingend erforderlich sein.

3. Die Freiheit der Berufswahl kann durch objektive Zulassungsvoraussetzungen nur dann beschränkt werden, wenn sie der Abwehr nachweisbarer oder höchstwahrscheinlicher Gefahren für ein überragend wichtiges Gemeingut dienen.

Ergänzung:Ordnen Sie folgende Fälle in das Drei-Stufen-Modell ein und beurteilen Sie die Zulässigkeit der Einschränkungen:

(1) Nachweis der allgemeine Hochschulreife für das Studium der Medizin.
(2) Notendurchschnitt für die Vergabe eines Studienplatzes.
(3) Höchstalter bei Piloten.
(4) Gesundheitszeugnis bei Fleischern.
(5) Keine Vorstrafen bei Bankangestellten.
(6) Meistertitel für selbstständige Handwerker.

Punkt (1) gehört zur Stufe 2. Einschränkung zulässig weil „Volksgesundheit“ ein wichtiges Gemeingut ist und nur Personen zur Ausbildung als Mediziner zugelassen werden sollen, bei denen aufgrund ihrer bisherigen Leistungen ein erfolgreiches Studium generell zu erwarten ist.

Punkt (2) ist eine objektive Zulassungsvoraussetzung der Stufe 3. Sie ist zulässig, weil eine gewissenhafte Ausbildung aus Gründen beschränkter Kapazitäten nicht mehr gewährleistet ist, wenn die medizinischen Fakultäten der Universitäten jeden Studienbewerber annehmen müssten.

Punkt (3) ist eine Regelung der **Berufsausübung**, also Stufe 1. Die Beschränkung ist zulässig, weil es um die Sicherheit im Luftverkehr geht.

Punkt (4) ist eine zulässige Beschränkung nach Stufe 2 oder 1. Hygiene ist ein wichtiges Gemeingut. Niemand soll Fleischer werden (Stufe2), der schon seit Geburt unter einer ansteckenden Hautkrankheit leidet. Dasselbe gilt, wenn ein gelernter Fleischer sich im Laufe des Berufslebens infiziert (Stufe 1).

Punkt (5) wie Punkt (4). Zu unterscheiden ist aber, ob die Straftat etwas mit der beruflichen Vertrauensstellung zu tun hat. Ein rechtskräftig verurteilter Bankräuber hat keine Chance auf eine Lehrstelle bei der Sparkasse. Anders ist der Fall u. U. bei einer Verurteilung eines Angestellten wegen einer Verkehrsstraftat.

Punkt (6) ist ein Beschränkung nach Stufe 1. Der **Meisterzwang** ist aber nur dann als Beschränkung der Berufsausübung rechtlich zulässig, wenn er vernünftig und zweckmäßig ist. Bei dem Beruf des selbstständigen Elektrikers macht der Meisterzwang nach der HWO Sinn, da von den elektrischen Installationen Gefahren für Menschen und Sachen ausgehen können. Wer aber nur die Schlitze in die Wände stemmt, ohne die Kabel anzuschließen, benötigt keinen Meisterbrief. Auf diesem Gebiet ist Einiges im Wandel, nicht zuletzt wegen der Grundfreiheiten innerhalb der EU (siehe Lektion 11). Der Meisterzwang diente ursprünglich zur Sicherung der Qualität der in Deutschland angebotenen Handwerkerleistungen. Wegen der zunehmenden Konkurrenz und der Niederlassungsfreiheit sowie Freizügigkeit innerhalb der EU ist fraglich, ob der hohe zeitliche und finanzielle Aufwand, den die Meisterprüfung erfordert, als Befähigungsnachweis noch zumutbar ist. Denn Handwerker aus einem anderen EU-Land benötigen für ein selbständiges Tätigwerden in Deutschland lediglich eine mehrjährige Berufserfahrung mit herausgehobener beruflicher Verantwortung, nicht dagegen eine dem Meistertitel entsprechende Qualifikation.

> Im Bereich der Berufsausübung gilt der Grundsatz der Gewerbefreiheit. Nur in bestimmten Fällen ist eine Gewerbeerlaubnis erforderlich, die eine zulässige Beschränkung nach Stufe 1 darstellt. Einzelheiten siehe Wirtschaftsrecht - leicht gemacht, Lektion 22.

## Fall 43

Willi hat keinen Ausbildungsplatz bekommen. Er betreibt nun einen Handy-Shop im Internet. Das Gewerbeamt sieht seine Homepage und fordert ihn schriftlich auf, die Aufnahme der Tätigkeit beim Gewerbeamt anzeigen.

Zu recht?

**Gewerbefreiheit** bedeutet nicht, dass der Staat darauf verzichtet, eine Auge auf die Unternehmen und Selbstständigen zu werfen. Insoweit ist jeder Gewerbetreibende nach § 14 GewO verpflichtet, auch bei zulassungsfreien Gewerben die Aufnahme, die Veränderungen und die Einstellung der Tätigkeit anzuzeigen. Bei groben Verstößen kann das Gewerbeamt dem Gewerbetreibenden die Tätigkeit wegen Unzuverlässigkeit untersagen. (§ 35 GewO); das Gewerbeverbot ist eine Beschränkung der Berufsausübungsfreiheit nach Stufe 1 des obigen Kataloges. Einzelheiten siehe Wirtschaftsrecht - *leicht gemacht*, Lektion 22.

Ergänzung: Wille hat kein Glück mit seinem Handy-Shop. Nach zwei Jahren ist er pleite und fragt sich, ob der Staat nicht verpflichtet ist, ihm einen Job oder einen Ausbildungsplatz zu besorgen.

Hat Willi ein **Recht auf Arbeit**?

Gute Frage! Das GG kennt ein solches Grundrecht nicht. Es gibt im GG auch kein Recht auf einen Ausbildungsplatz. Insgesamt kennt das GG nur wenige Normen, die einer Person direkt einen Anspruch auf irgendetwas geben. Eine solche Ausnahme ist u.a. das Recht auf Asyl bei politischer Verfolgung.

Zu berücksichtigen ist, dass die Grundrechte entstanden sind, ebenso wie Menschenrechte, als Abwehrrechte der Menschen gegen den Staat und seine Organe. Grund- und Menschenrechte des GG sind historisch nicht definiert als unmittelbare Ansprüche gegen den Staat auf Erbringung einer Leistung. Dennoch ist das „Recht auf Arbeit" in aller Munde. Der Begriff „Recht" ist in diesem Zusammenhang missverständlich. Er wird von gesellschaftlichen Gruppen aufgegriffen und als **programmatischer Auftrag** an die jeweilige Regierung formuliert, tätig zu werden, weil andernfalls die Würde der betroffenen Menschen verletzt werde. Der Staat kann seinerseits auf Art. 20 Abs. 1 GG verweisen, der ihn nach dem Sozialstaatsprinzip (nur) verpflichtet, die Folgen von Arbeitslosigkeit zu begrenzen, indem bedürftige Menschen Anspruch auf staatliche Unterstützung haben. Selbst Verfassungen einzelner Bundesländer, die vollmundig ein Recht auf Arbeit als Auftrag an die Exekutive festlegen, schränken diesen Anspruch auf Sozialleistungen ein, wenn das gesamtwirtschaftliche Gleichgewicht gefährdet ist, wenn also der Staat netto mehr Schulden macht als er investiert (siehe auch Lektion 14). Das ist in den meisten Bundesländern seit Jahrzehnten der Fall und wird sich auf absehbare Zeit nicht ändern. Das Recht auf Arbeit ist daher nicht so sehr ein juristisches, sondern ein politisches Thema. In diesem Buch suchen Sie vergeblich nach einer befriedigenden Antwort. Sorry!

## 12. Lektion Art. 14 Eigentumsgarantie

### Fall 44

Erna, geboren in Berlin-Kreuzberg, hat zum 7. Geburtstag von ihrer Tante Trude ein neues Puppenhaus geschenkt bekommen. Klein-Erna ist so begeistert, dass sie das Puppenhaus dekorieren möchte und holt dafür ihren Tuschkasten und die Fingerfarben. Als Tante Trude sieht, dass Erna das ganze Puppenhaus bunt anstreicht, nimmt sie ihr den Pinsel aus der Hand und sagt: „Lass das, sonst werde ich alles Deinen Eltern erzählen und Dir das Puppenhaus wegnehmen!“ Klein-Erna ist nicht auf den Mund gefallen und antwortet: “ Nur Mama und Papa dürfen mir etwas verbieten; Du aber nicht! Und außerdem: Geschenkt ist geschenkt.“

Kann Tante Trude ihrer Nichte das Puppenhaus wegnehmen?

Diese Situationen kennen wir alle aus eigener Anschauung. Ein solcher Eklat sorgt bei Familienfeiern immer für super Stimmung. Die juristische Antwort erfolgt in zwei Schritten.

Zunächst gibt es hier die Ebene des Familienrechts. Erna ist noch nicht volljährig (unter 18 Jahre alt: § 2 BGB), so dass ihre Eltern das Sorgerecht haben. Das kennen wir bereits aus der Lektion zu Art. 6 GG. Nach § 1626 BGB bestimmen allein die Eltern über alle persönlichen Angelegenheiten des Kindes (Wohnort, Heilbehandlung), die Erziehung (Kindergarten, Schule, Berufsausbildung) und auch über die vermögensrechtlichen Angelegenheiten. Tante Trude hat hier also nichts zu melden; 1: 0 für Erna!

Und wer schützt Erna davor, dass jetzt die Eltern ihr das Puppenhaus wegnehmen?

Antwort: Das Grundgesetz und die Eigentumsgarantie! Die zweite rechtliche Ebene betrifft nämlich die Frage, wer Eigentümer des Puppenhauses ist und wie diese Rechtsposition geschützt wird.

## Leitsatz 20

**Eigentumsgarantie**

Art. 14 Abs. 1 GG gewährleistet das Privateigentum. Eigentum im Sinne des GG umfasst alle privaten, vermögenswerten Rechte. Die Bestandsgarantie umfasst das Eigentum im Sinne des BGB an beweglichen und unbeweglichen Sachen und das Innehaben von Forderungen (z. B. der Anspruch auf Zahlung eines Gehalts, einer Rente usw.). Verfassungsrechtlich geschützt ist u.a. auch das geistige Eigentum an einer selbst programmierten Software oder an einem Pop-Song (Urheberrecht) oder das vertragliche Nutzungsrecht für eine Internet-Domain.
Inhalt und Schranken des Eigentums werden durch die Gesetze, hier insbesondere durch das BGB bestimmt.

Der Schutz des Eigentums ist umfassend. Der Eigentümer einer Sache kann sich z. B. zur Wehr setzten gegen den Versuch eines Dritten, ihm seine Sachen wegzunehmen. Eigentum an einer Sache bedeutet aber auch, dass der Eigentümer nach Belieben mit seinem Eigentum machen kann, was er möchte (Privatnützigkeit: § 903 BGB). Genau darum geht es hier bei dem Puppenhaus.

Wir müssen also klären, ob Erna Eigentümerin des Puppenhauses ist. Ursprünglich war Tante Trude Eigentümerin. Sie hat das Eigentum auf der Grundlage einer Schenkung an Erna übertragen (Handschenkung nach § 518 Abs. 2 BGB).

Und wie verträgt sich das elterliche Sorgerecht mit dem vom Grundgesetz geschützten Privateigentum?

Art. 14 Abs. 1 Satz 2 GG lässt auch Schranken des Eigentumsrechts zu. Erna muss hier aber nichts befürchten, zumindest juristisch. Die Eltern können nichts dagegen unternehmen, dass Erna mit der Schenkung selbst Eigentümerin des Puppenhauses geworden ist. Für die Übertragung und die Wirkungen des Eigentums spielt die Minderjährigkeit der Erna keine Rolle. Denn Erna erlangt mit dem Geschenk einen lediglich rechtlichen Vorteil, so dass keine Einwilligung der Eltern in die schenkungsweise Einigung nach § 107 BGB erforderlich ist. Wir sehen, der umfassende Schutz des Privateigentums sorgt dafür, dass Erna ihr Puppenhaus behalten und nach Belieben gestalten darf. 2 : 0 für Erna! Hier wird deutlich, dass die **Bestandsgarantie für das Privateigentum** die materielle Grundlage bildet für die freie Entfaltung der Persönlichkeit, die ihrerseits durch Art. 2 Abs. 1 GG geschützt wird. Die **Wechselwirkung** zwischen persönlicher Freiheit und Eigentumsschutz bildet eine wesentliche Grundlage unserer heutigen zivilen Gesellschaft. Der Staat hat die Aufgabe, die Unverletzlichkeit von Person und Eigentum zu schützen. Das hatte schon der englische Philosoph John Locke (Aussprache: Lock; 1632-1704) erkannt. Dieser Gedanke hat die amerikanische Unabhängigkeitserklärung (1787), die Deklaration der Menschen- und Bürgerrechte in der französischen Revolution (1789) und alle späteren bürgerlichen Verfassungen maßgeblich geprägt. Erst 250 Jahre später wurde diese Erkenntnis endgültig Bestandteil einer deutschen Verfassung, dem GG.

Abwandlung: Tante Trude spricht nun mit Erna's Eltern. Sie kündigt an, die Schenkung des Puppenhauses zu widerrufen. Außerdem sei Erna eine unhöfliche Berliner Göre und zu jung, um „eines Tages" das versprochene Sparbuch der Tante zu erben.

Wie ist die Rechtslage?

Vollzogene Schenkungen können nur sehr begrenzt rückgängig gemacht werden. Z. B. bei nachträglicher Verarmung des Schenkers oder wenn der Beschenkte eine schwere Verfehlung begangen hat. Der Hinweis der Göre auf die Rechtslage mag respektlos sein, ist aber kein Fall des groben Undanks gegenüber der Tante. Außerdem ist ein Widerruf ausgeschlossen bei so genannten Pflicht- und Anstandsschenkungen; ein dem Anlass angemessenes Geburtstagsgeschenk ist eine solche unwiderrufliche Schenkung.

Anders sieht die Sache aus bei dem versprochenen Sparbuch und dessen Guthaben. Das Sparbuch soll nicht (zu Lebzeiten) verschenkt, sondern (im Erbfall) vermacht werden. Auch hier geht es um Grundrechte.

Das GG garantiert in Art. 14 Abs. 1 auch das **Erbrecht**. Der Grundrechtsschutz kommt darin zum Ausdruck, dass

a) das Eigentum des Erblassers im Erbfall vollständig auf die Erben übergeht (Gesamtrechtsnachfolge = Universalsukzession) und dass
b) der Erblasser frei ist, zu Lebzeiten seinen letzten Willen zu bekunden (Testierfreiheit).

Das BGB bestimmt Inhalt und Schranken des Erbrechts.

Erna und Tante Trude können sich beide auf Art. 14 Abs. 1 GG berufen: Zu Gunsten von Erna sorgt die Ausgestaltung der Erbrechts-Garantie durch das BGB dafür, dass Erna unabhängig vom Alter Erbin oder Begünstigte eines Vermächtnisses sein kann. Denn erbfähig ist, wer zum Zeitpunkt des Erbfalls lebt oder zumindest gezeugt worden ist (§ 1923 BGB). Vermächtnis ist die Zuwendung eines Vermögensgegenstandes an ein Person, die nicht Erbe ist, durch letztwillige Verfügung (Testament). Die bedachte Person kann von den Erben die Herausgabe des Sparbuchs verlangen (§§ 1939, 2174 BGB). Selbst wenn Tante Trude ihrer Nichte das Sparbuch bereits schriftlich vermacht haben sollte, kann sie das Vermächtnis ohne Angaben von Gründen nach Belieben ändern. Hier greift der Schutz des Grundgesetzes in Form der Testierfreiheit zugunsten von Tante Trude. Sie ist frei darin, die Person der Erben und Vermächtnisnehmer jederzeit neu zu bestimmen. Sie kann sich die Sache mit dem Sparbuch für Erna also noch einmal ernsthaft überlegen. Tante Trude verkürzt zum 2 : 1!

Mehr zu diesem Thema in Erbrecht - *leicht gemacht*, Lektion 9.
Wenn Erna sich später bei Tante Trude entschuldigt, dann nennt man ein solches Verhalten abfällig Erbschleicherei. Auch das hat der Philosoph John Locke uns vorhergesagt: Der Mensch ist ein rational handelndes Wesen, das zur Selbstreflexion fähig ist; d. h. der Mensch ist in der Lage, Erfahrungen, die er macht, unter dem Gesichtspunkt des Nutzens für künftiges Verhalten auszuwerten.

## Fall 45

Rentner Rudi hat ein Ferienhaus im Harz gekauft: ruhige Lage am Hang mit unverbaubarem Talblick. Kurz nach dem Termin beim Notar für den Kaufvertrag erhält Rudi Post vom Bürgermeister. Rudi soll Grunderwerbssteuer in Höhe von 3,5 % des Kaufpreises zahlen. Ferner kündigt die Gemeinde an, dass Rudi künftig Grundsteuer und eine Zweitwohnungssteuer zu zahlen habe. Rudi schimpft wie ein Rohrspatz und sagt Sätze, in denen die Worte „Raubritter“, „Wegelagerei“ und „Enteignung“ vorkommen.

Muss Rudi die Steuern zahlen?

Verstößt die Erhebung von Steuern gegen die Eigentumsgarantie des GG?

Beantworten Sie die Frage zuerst aus der Sicht der Gemeinde. Der Staat, das sind Bund, Länder und Gemeinden (Art. 28 GG), ist darauf angewiesen, seine Aufgaben, zu denen er meist gesetzlich verpflichtet ist, durch die Erhebung von **Steuern** zu finanzieren. Solche steuerfinanzierten Aufgaben sind z. B.: Schulen, Krankenhäuser, Universitäten, Unterstützung sozial bedürftiger Menschen (Art. 20 GG = Sozialstaat), Straßenbau, Polizei, Justiz, Feuerwehr, Katastrophenschutz, Verteidigung, u. v. m. Außerdem vergibt der Staat Subventionen zur Förderung wirtschaftlicher und ökologischer Ziele und muss beitragen, den Haushalt der EU zu füttern. Zum Thema Staatshaushalt siehe Lektion 4.

Rudi sieht die Sache natürlich anders: Warum greift der Fiskus ausgerechnet ihm in die Tasche? Steuergerechtigkeit ist ein heikles Thema und hat gerade auch mit der Leistungsfähigkeit der Steuerschuldner zu tun. Der Fiskus geht davon aus, dass jemand, der sich ein Ferienhaus kauft, leistungsfähig ist; zudem wird nicht das Existenzminimum besteuert. Es bleibt die Frage, ob die Erhebung von Steuern auf Privateigentum eine Form der Enteignung ist. Wir benötigen zunächst eine Definition für den Begriff der **Enteignung**.

> Enteignung ist jeder zwangsweise Eingriff des Staates, durch den der Eigentümer sein Eigentum verliert oder durch den das Privateigentum zumindest belastet oder entwertet wird.

> Enteignungen müssen nach Art. 14 Abs. 3 GG eine gesetzliche Grundlage haben und sind nur zulässig zum Wohle der Allgemeinheit. Der Begriff der Enteignung ist untrennbar verbunden mit der Zahlung einer Entschädigung!

Die Erhebung der Steuern stellt keine Enteignung dar, weil Art. 14 Abs. 1 GG nicht das Vermögen an sich, sondern nur das Eigentum an den jeweiligen Vermögensgegenständen garantiert. Das Eigentum an dem Ferienhaus bleibt Rudi erhalten. Die Garantie des Privateigentums steht der Erhebung von Steuern auch deshalb nicht entgegen, weil ein funktionierender Rechtsstaat und die Demokratie ihren Preis haben, für den die Bürger aufkommen müssen. Der Schutz des einzelnen Menschen durch die staatliche Gemeinschaft ist nicht zum Nulltarif möglich. Das bedeutet aber nicht, dass der Staat grenzenlos Steuern erheben kann. Die Grenze zur Enteignung wäre z. B. bei einer fiktiven Grunderwerbssteuer von 80 % überschritten, weil die gesamte steuerliche Belastung so hoch wäre, dass eine wirtschaftliche Nutzung des Eigentums nicht mehr möglich wäre.

Ergänzung: Heute ist nicht Rudi's Glückstag. Die Gemeinde beabsichtigt außerdem, Rudi's Haus unter Denkmalschutz zu stellen. Dadurch soll Rudi verpflichtet werden, die Substanz des Hauses getreu der historischen Vorgabe zu erhalten. Außerdem soll ihm und seinen künftigen Erben untersagt sein, sein Haus jemals abzureißen, selbst wenn nach einem Erbbeben nur eine Ruine stehen bleibt.

Ist das eine Enteignung?

Nein und ja. Nein, weil Rudi ja nicht das Eigentum genommen wird. Die angekündigten Auflagen des Denkmalschutzes verringern aber die Chancen für Rudi, sein Haus eines Tages zu einem vernünftigen Preis zu verkaufen. Die behördlichen Auflagen lassen den Wiederverkaufswert abstürzen. Die Auflage des Denkmalschutzes, sein Gebäude nach dem historischen Vorbild zu erhalten, ist eine **zulässige Inhaltsbestimmung** des Privateigentums an dem Ferienhaus im Sinne des Art. 14 Abs. 1 Satz 2 GG. Das muss Rudi wohl hinnehmen, weil der Denkmalschutz ein typischer Ausfluss der **Sozialbindung des Eigentums** ist.

**Sozialbindung nach Art. 14 Abs. 2 GG bedeutet: Eigentum verpflichtet. Sein Gebrauch soll zugleich dem Wohl der Allgemeinheit dienen.**

Ja aber, weil die Denkmalschutzbehörde kompromisslos und unbedingt verbietet, das Gebäude jemals abzureißen. Zumindest muss Rudi erlaubt sein, das Haus abzureißen, wenn die Substanz z. B. nach einer Naturkatastrophe unwiederbringlich zerstört ist. Andernfalls bedeutet diese Inhaltsbestimmung des Privateigentums eine unzumutbare Härte, die der Staat entschädigen muss.

Ergänzung: Kaum hat sich Rudi's Zorn über die Steuerlast und den Denkmalschutz gelegt, kommt wieder Post von der Gemeinde: Rudi's Grundstück grenzt an die künftige neue Umgehungsstraße. Nach dem Planungsverfahren wird in Teil seines Grundstückes benötigt für die neue Straße. Die teilweise Verwendung des Grundstücks für den Straßenbau müsse Rudi ohne Entschädigung hinnehmen, sagt der Bürgermeister, da Rudi ja auch davon profitiere, dass der Verkehr künftig am Ort vorbei geleitet werde.

Wie ist die Rechtslage?

Das ist jetzt eine waschechte Enteignung. Straßenbau ist eine Maßnahme, die dem Wohl der Allgemeinheit dient. Der Grundsatz der Verhältnismäßigkeit ist gewahrt (hierzu vgl. Lektion 5), weil es keine andere, vernünftige Möglichkeit gibt, eine neue öffentliche Umgehungsstraße zu bauen. Wir können hier auch unterstellen, dass das öffentliche Planungsverfahren eine gesetzliche Grundlage hatte und ordnungsgemäß ablief. Die angekündigte Maßnahme verstößt aber gegen Art. 14 Abs. 3 Satz 2 GG, weil keine Entschädigung vorgesehen ist. Der Begriff der Enteignung im Sinne des GG setzt eine Entschädigung voraus. Denn Entzug des Privateigentums ohne Entschädigung ist Unrecht. Rudi kann sich gegen die angekündigte Maßnahme wehren, indem er zunächst Widerspruch einlegt und dann ggf. vor dem Verwaltungsgericht klagt (Rechtsweggarantie aus Art. 19 Abs. 4 GG, Lektion 14).

## Fall 46

Alle Jahre wieder wird Benzin kurz vor den Schulferien teurer. PKW-Besitzer müssen nun einige Cent mehr bezahlen. Bald sind Wahlen zum Bundestag und die amtierende Verbraucherschutzministerin möchte sich bei ihren Wählern einschleimen. In einem Fernseh-Interview sagt sie, die Öl-Multis sollen die Preisschraube sofort zurückdrehen, sonst werde sie die Unternehmen enteignen.

Wie ist die Rechtslage?

Mit Enteignung ist hier die Überführung des Privateigentums von Unternehmen (Art. 14 Abs. 1, 19 Abs. 3 GG) in staatliche Hände gemeint. Das GG sieht in Art. 15 vor, dass Grund und Boden, Naturschätze und Produktionsmittel zum Zweck der Vergesellschaftung durch ein Gesetz in Gemeineigentum überführt werden können (Sozialisierung). Soweit die Theorie!

Ergänzung: Ist es denn wahrscheinlich, dass es zu der Verstaatlichung von Tankstellen und Raffinerien kommen kann?

Art. 15 GG wird von Menschen, die von Sozialutopien träumen, als Beleg dafür angesehen, dass das GG keine feste Eigentums- und Wirtschaftsordnung vorgebe, sondern offen sei. Zu beachten ist aber, dass das GG in Art. 14 die grundlegende verfassungsrechtliche Wertentscheidung für das Privateigentum getroffen hat und dass das Privateigentum sowie seine Privatnützigkeit als Ausfluss der freien Entfaltung der Persönlichkeit geschützt ist (siehe oben). Den Vorrang des Privateigentums akzeptiert Art. 15 GG selbst, indem dort eine Vergesellschaftung nur gegen Entschädigung zulässig ist. Da der Staat unter notorischer Geldnot leidet, bleibt es wohl bei der zahnlosen Drohung der Ministerin.
Außerdem ist Art. 15 GG in seinem historischen Kontext zu sehen. Nach dem Inkrafttreten des GG hat die Bundesrepublik Deutschland sich seit 1958 völkerrechtlich verpflichtet, die Voraussetzungen für eine politisch und wirtschaftlich vereintes Europa zu schaffen (siehe auch Art. 23 GG). Dazu gehört die Schaffung eines freien Binnenmarktes, der allen Menschen und Unternehmen in den EU-Mitgliedsstaaten ohne Diskriminierung freien Zugang zu den Märkten und Dienstleistungen sowie das Recht zur Niederlassung garantiert (siehe auch Lektion 11). Dieses gemeinsame Ziel der EU-Mitgliedsstaaten beinhaltet u. a. die

Pflicht des Staates, die Privatautonomie (Gestaltungsfreiheit) und Gewerbefreiheit zu achten und nur dort Regelungen aufzustellen, um die Chancengleichheit zu gewährleisten und Missbrauch zu vermeiden. Dieses Verhältnis zwischen Staat und seinen Bürgern und Unternehmen ist schon vor dem Prozess der europäischen Einigung als freie und soziale Marktwirtschaft betitelt worden (mehr dazu in Wirtschaftsrecht - leicht gemacht, Lektion 1).
Aufgabe des Staates ist es, den fairen Wettbewerb der Anbieter und Nachfrager durch das Aufstellen von verbindlichen Regeln (Gesetzen, Aufsicht) zu gewährleisten. Die Rolle die Staates entspricht der eines Schiedsrichters, der die Regeln aufstellt und diese überwacht. Eine Vergesellschaftung von Unternehmen steht im Widerspruch zu diesen Maximen und wäre ein Anachronismus (unzeitgemäße Erscheinung), weil der Staat als Folge der Vergesellschaftung dann selbst Unternehmer wäre. Kennen Sie eine Sportart, bei der der Schiedsrichter selbst mitspielt?

Ergänzung: Heißt das jetzt, dass die Verbraucher und Unternehmen, die selbst Benzin benötigen, der angeblichen Preistreiberei tatenlos zusehen müssen?

Nein. Marktwirtschaft bedeutet ja nicht, dass jeder grenzenlos machen kann, was er will. Art. 2 Abs. 1 GG zieht eine Grenze dort, wo die Rechte Dritter verletzt werden oder gegen Gesetze verstoßen wird. Um einen fairen Wettbewerb zu gewährleisten, gibt es bei der EU, dem Bund und in den Ländern Kartellbehörden, die mit staatlichen Mitteln und Bußgeldern eingreifen, wenn sich herausstellt, dass einzelne Markteilnehmer unerlaubt Preisabsprachen getroffen haben (Kartelle) oder ihre Marktmacht missbrauchen, um bei den Verbrauchern unangemessene Preise durchzusetzen. Mehr dazu im Buch Wirtschaftsrecht *- leicht gemacht*, Lektion 23.

# 13. Lektion Art. 16a Asyl und Aufenthalt

## Fall 47

Alphonse Legrand ist Bürger eines zentralafrikanischen Staates. Dort ist die politische Opposition zum bewaffneten Kampf gegen die Regierung übergegangen. Die Regierungstruppen und die Polizei geben dem Volksstamm, dem Alphonse angehört, pauschal die Schuld an den bürgerkriegsähnlichen Zuständen und terrorisieren ihrerseits die Mitglieder seines Volksstammes. Nachdem seine Brüder umgebracht worden sind, ist Alphonse aus seiner Heimat geflohen und hat sich ohne Reisepass nach Deutschland durchgeschlagen. Im Hauptbahnhof von Stuttgart wird Alphonse von der Bundespolizei aufgegriffen. Alphonse bittet die Beamten, in Deutschland bleiben zu dürfen.

Wird seine Bitte erhört?

Das ist keine Bitte, sondern ein Antrag auf Gewährung von Asyl.

## Leitsatz 21

**Asylrecht**

Politisch Verfolgte genießen Asylrecht; Art. 16a Abs. 1 GG.
Das Asylrecht ist ein Grundrecht, das allen Flüchtlingen gewährt wird, die in ihrem Heimatland wegen ihrer Rasse, Religion, Nationalität, Zugehörigkeit zu einer sozialen Gruppe, Geschlecht oder wegen ihrer politischen Überzeugung verfolgt werden oder deren Leben und Freiheit bedroht ist.

Abwandlung: Alphonse ist bei seiner Flucht von der nordafrikanischen Küste mit einem Schiff an der spanischen Küste gelandet. Die spanische Küstenwache hat ihn mit Essen und Trinken versorgt. Er ist dann heimlich über Frankreich und die Schweiz bis nach Stuttgart gereist.

Hat der Fluchtweg Einfluss auf das Asylrecht?

Ja, nach Art. 16a Abs. 2 GG kann Alphonse sich nicht auf sein Asylrecht in Deutschland berufen, wenn er auf seiner Flucht über einen EU-

Staat oder einen anderen Staat eingereist ist, der das UN-Abkommen über die Rechtsstellung der Flüchtlinge (Genfer Konvention) und die Konvention zum Schutze der Menschenrechte und Grundfreiheiten anwendet (Europäische Menschenrechtskonvention). Schutz vor Verfolgung erhält Alphonse in Spanien, einem sicheren Drittstaat.

## Fall 48

Herr Minh ist Staatsangehöriger eines südostasiatischen Staates und reist über den Flughafen Frankfurt am Main nach Deutschland ein ohne im Besitz eines Reisepasses zu sein. Die Bundespolizei kennt Herrn Minh sehr gut: Herr Minh lebte die letzen zwanzig Jahre in Nürnberg, wurde wegen Drogenhandels verurteilt und nach der Haft vor drei Monaten in sein Heimatland abgeschoben; ein Asylantrag hatte damals keinen Erfolg. Herr Minh bittet jetzt bei seiner Einreise erneut um Asyl.

Wird der erneute Antrag Erfolg haben?

Nein, der erneute Antrag ist offensichtlich unbegründet und wird ihn nicht vor der erneuten Abschiebung, d. h. vor der zwangsweisen Durchsetzung seiner Ausreisepflicht schützen.
Im Übrigen genießen Ausländer kein Asylrecht, die aus so genannten sicheren Herkunftsstaaten kommen; Art. 16a Abs. 3 GG. Durch Bundesgesetz wird eine Liste von Staaten aufgestellt, bei denen die Vermutung gilt, dass es auf Grund der Rechtslage, der Rechtsanwendung und der allgemeinen politischen Verhältnisse gewährleistet erscheint, dass dort weder politische Verfolgung noch unmenschliche oder erniedrigende Bestrafung oder Behandlung stattfindet.

Herrn Minh droht noch mehr Ungemach: Er wird nach § 18a AsylVfG auf dem Flughafengelände zwangsweise untergebracht; das Asylverfahren wird vor der Entscheidung über die Einreise im Schnellverfahren und mit eingeschränkte gerichtlicher Überprüfung durchführt.

Ergänzung: Was ist die Folge der versuchten, unerlaubten Einreise und der zu erwartenden Ablehnung des Asylantrages?

Da Herr Minh kein Recht zum Aufenthalt hat, kann er nicht einreisen und ihm droht die Abschiebung.

Ein Ausländer ohne Aufenthaltstitel ist zur Ausreise verpflichtet. Ein vorhandener Aufenthaltstitel, z. B. eine befristete Aufenthaltserlaubnis, kann durch Verwaltungsakt aufgehoben werden, mit der Aufforderung, das Land zu verlassen (**Ausweisung**). Kommt der betroffene Ausländer der Aufforderung zur Ausreise nicht freiwillig nach und ist eine Überwachung der Ausreise aus Gründen der öffentlichen Sicherheit und Ordnung erforderlich, dann kann unter bestimmten engen Voraussetzungen die Ausweisung unter Anwendung unmittelbaren Zwanges durchgesetzt (**Abschiebung**). Zur Vorbereitung der Ausweisung und zur Sicherung der Abschiebung kann ein Richter Abschiebungshaft anordnen (Art. 104 Abs. 2 GG: Freiheitsentziehung).

Abwandlung: Bei der Anhörung vor dem Bundesamt für Migration und Flüchtlinge trägt Herr Minh ergänzend vor: Nach seiner Rückkehr in sein Heimatland sei er angeklagt worden, einen Drogenkurier umgebracht zu haben, was aber nicht stimme, weil er zu dieser Zeit in Deutschland im Gefängnis saß. Die Anklage beruhe allein auf den Aussagen eines Zeugen, der selbst verurteilt und inzwischen exekutiert worden sei. Das Gericht habe die Anklage trotz der widersprüchlichen Beweislage zugelassen und ihm das Recht verweigert, sich durch einen Rechtsanwalt verteidigen zu lassen. Ihm drohe ebenfalls die Todesstrafe. Deshalb sei er nach Deutschland geflohen.

Wie ist die Rechtslage?

Die Einstufung eines Staates ist eine Vermutung, die nicht ausschließt, dass Herr Minh in seinem Heimatstaat tatsächlich politisch verfolgt wird oder dass dort eine unmenschliche oder erniedrigende Bestrafung oder Behandlung stattfindet. In unserem Fall entspricht das Gerichtsverfahren gegen Herrn Minh nicht rechtsstaatlichen Grundsätzen; ihm wird Asyl gewährt werden. Art. 16a Abs. 3 Satz 2 GG verlangt aber, dass Herr Minh diese neuen Tatsachen selbst vorträgt.

Abwandlung: Ist der Schutz vor Todesstrafe und Folter für Ausländer allein auf das Asylverfahren beschränkt?

Nein, der Staat steht in der Pflicht, die Menschenrechte auf Leben und körperliche Unversehrtheit (Art. 2 Abs. 2 GG) effektiv zu schützen. Insoweit kennt das deutsche Ausländerrecht neben dem Asyl weitere rechtliche Gestaltungen zum Schutz verfolgter und bedrohter Menschen; Art. 16a Abs. 5 GG.

Grundsätzlich kann aus humanitären oder völkerrechtlichen Gründen ein Aufenthaltsrecht (§ 25 AufenthG) oder Schutz vor Abschiebung im Wege der Duldung (§ 60a AufenthG) gewährt werden.

Geschützt sind

a) Flüchtlinge nach der Genfer Flüchtlingskonvention,

b) Personen, deren Abschiebung nach der Europäischen Menschenrechtskonvention unzulässig wäre und

c) Personen, die als Flüchtlinge anzuerkennen sind, weil wenn der Staat oder staatsähnliche Strukturen bzw. internationale Organisationen nicht in der Lage oder nicht willens sind, Schutz vor Verfolgung bei nicht staatlicher Verfolgung zu bieten.

Ferner ist eine Abschiebung ausgeschlossen, wenn die Gefahr der Folter oder Todesstrafe besteht; § 60 AufenthG.
Bei der Duldung besteht die Ausreisepflicht weiter; lediglich der tatsächliche Vollzug der Abschiebung wird befristet ausgesetzt.

## Fall 49

Lufthansa-Flug LH 007 aus Mexiko City landet in Frankfurt am Main. An Bord Mexikaner, US-Amerikaner und betrunkene Engländer.

Was kontrollieret die Bundespolizei bei der Einreise der Passagiere?

Kontrolliert wird die Identität der Personen anhand ihrer Personendokumente und, ob sie berechtigt sind, einzureisen und sich in Deutschland aufzuhalten. Die Einreise und den Aufenthalt bei Ausländern zu erlauben, ist Ausdruck von Staatsgewalt.

Die englischen Passagiere genießen als Staatsangehörige eines EU-Mitgliedstaates (Unionsbürger) Freizügigkeit, so dass es ausreicht, wenn sie ihr Personaldokument vorzeigen. Sie müssen nicht angeben, zu welchem Zweck sie einreisen. Sollten sie die Absicht haben, in Deutschland zu bleiben, dann gehen sie wie deutsche Staatsangehörige zum örtlichen Meldeamt.

Die anderen Passagiere, die so genannten Drittstaatsangehörigen, unterliegen der Passpflicht und benötigen grundsätzlich einen Aufenthaltstitel. Das ist hier das Visum, das die Botschaften und Konsulate der Bundesrepublik vor der Einreise ausstellen, ggf. in Absprache mit inländischen Behörden (z. B. Aufenthalt zum Zweck des Studiums oder der Arbeit). Auf der Grundlage zwischenstaatlicher Abkommen (völkerrechtlicher Verträge) oder durch gemeinsame Regelung aller EU-Staaten, können bestimmte Staatsangehörige oder bestimmte Aufenthaltszwecke von der Visumspflicht ausgenommen werden. Z. B. reicht es aus, wenn US-Amerikaner als Touristen ihren Reisepass vorlegen. Sollte es ihnen in Heidelberg gut gefallen, können sie eine Aufenthaltserlaubnis oder Niederlassungserlaubnis vor Ort beantragen. Die Freistellung von der Visumspflicht gilt auch für die mexikanischen Staatsbürger, jedoch nur als Touristen. Deshalb prüft die Bundespolizei bei der Einreise von Ausländern aus Drittstaaten nach § 15 AufenthG, zum welchem Zweck die Einreise erfolgt.

# III. Gerichtliche Kontrolle staatlichen Handelns (Auch der Staat muss Regeln beachten!)

## 14. Lektion Rechtsprechung, Justizgrundrechte

### Schutz der verfassungsmäßigen Ordnung und der Grundrechte durch die Rechtsprechung

#### Fall 50

Rosemarie schaut die Tagesschau. Im Bundestag beschimpfen Politiker einander und werfen sich gegenseitig vor, gegen die Verfassung zu verstoßen. Die nächste Nachricht betrifft Polizisten, die bei einer Demonstration von Arbeitslosen Reizgas eingesetzt haben sollen; die Polizei beruft sich auf Provokation durch Randalierer und Notwehr. In der dritten Nachricht geht es um den Strafprozess gegen Eltern, die ihr Kind haben verhungern lassen; das Jugendamt hatte wegen der knappen Haushaltsmittel nicht genug Personal, um sich zu kümmern. Jetzt hat Rosemarie genug und schaltet frustriert ab. Sie glaubt nicht, dass jemand in der Lage ist, all diese Probleme, Konflikte und Krisen abschließend zu beenden.

Hat Rosemarie Recht?

Nein. Der Wunsch nach Gerechtigkeit und Frieden ist allen Menschen gemein. Ob es Hoffnung bei einer göttlichen Instanz gibt, kann Rosemarie ganz alleine und nur für sich entscheiden (Religionsfreiheit aus Art. 4 Abs. 1 GG, Lektion 8). Etwas handfester und weltlicher ist aber der Wunsch aller Bürger, dass es so etwas wie eine letzte staatliche Instanz gibt, die alle Angelegenheiten abschließend entscheidet.
Das GG kennt verschiedene Instrumente, um die verfassungsmäßige Ordnung (den Staat) und die Grundrechte seiner Bürger zu schützen. Eine zentrale Rolle spielt die Rechtsprechung (Justiz).

## Übersicht 13:Schutz der verfassungsmäßigen Ordnung und der Grundrechte

Schutz der verfassungsmäßigen Ordnung und der Grundrechte
im Verhältnis der Bürger und Menschen zur / zu

| Gesetzgebung (Legislative) | Verwaltung (Exekutive) | Rechtsprechung (Judikative)<br>Justiz-Grundrechte (siehe Lektion 14) und | anderen Bürgern und Menschen (Privatrecht) |
|---|---|---|---|
| ⇧ | ⇧ | ⇧ | ⇧ |
| Bindung an Recht und Gesetz (Art. 1 Abs. 3, 20 Abs. 3, 97 Abs. 1 GG) | | | Drittwirkung von Grundrechten (siehe Lektion 7) |
| | ⇧ | | ⇧ |

Kontrolle durch die Verfassungsgerichtsbarkeit
(BVerfG, Verfassungsgerichte der Länder, Europäischer
Gerichtshof für Menschenrechte)

---

Das GG unterstellt sogar, dass selbst die Justiz in einzelnen Fällen Fehler machen kann, die die Verfassungsgerichte beheben können.

## Die Rolle der Justiz im demokratischen Rechtsstaat

### Fall 51

Forstarbeiter Dussel läuft am frühen Morgen zur Arbeit. Durch einen technischen Defekt sind die Türen einer Tankstelle offen. Dussel betritt den Verkaufsraum der Tankstelle. Niemand ist da, außer ihm. Er kann der allgegenwärtigen Versuchung nicht widerstehen und nimmt eine Flasche Steinhäger und einen MP3-Player aus dem Regal, steckt sie in seine Manteltasche und verlässt dann die Tankstelle. Dussel hat leider nicht bedacht, dass die Video-Kameras eingeschaltet sind! Am nächsten Tag schaut Tankstellenpächter Ruppig sich die Videos an, er erkennt den Missetäter und fährt sofort zur Wohnung des Dussel. Ruppig zerrt Dussel in sein Auto, fährt zur Tankstelle zurück und sperrt Dussel in der Toilette ein. Am Abend tagt der Vorstand des Schützenvereins im Dorfgasthaus. Ruppig möchte, dass der Frevel an seinem Eigentum gesühnt wird; der Vorstand des Schützenvereins soll Dussel richten!

Wie ist die Rechtslage?

Zunächst soll uns die Frage beschäftigen, ob der Vorstand des Schützenvereins den Diebstahl des Dussel aburteilen kann. Die Antwort lautet: Nein!
Denn zu den Errungenschaften der Demokratie gehört das Prinzip der Gewaltenteilung.

Das Prinzip der Gewaltenteilung bedeutet, dass die staatliche Gewalt auf drei „Säulen" verteilt ist:

- Die gesetzgebende Gewalt liegt in den Händen der Parlamente (Legislative),
- die vollziehende Gewalt in den Händen der Regierung und Verwaltung (Exekutive) und
- die Rechtsprechung in den Händen der Justiz (Judikative).

Gewaltenteilung beinhaltet für den einzelnen Menschen auch, dass der Staat in diesen drei Bereichen ein Monopol hat (**Gewaltmonopol**).

Bevor das Prinzip der Gewaltenteilung angewendet wurde, lagen Legislative, Exekutive und Justiz früher häufig in einer Hand: Ein Fürst brauchte zum Regieren keine nörgelndes Parlament; zugleich war der Fürst oberster Richter oder er gab den von ihm bezahlten Richtern zumindest Anweisungen. Die Gewaltenteilung ist ein formales und sehr effektives Prinzip, um den **Rechtsfrieden** dauerhaft zu gewährleisten. Es geht um die **Akzeptanz staatlichen Handelns** und um die Bereitschaft jedes einzelnen Menschen, die Grundregeln der verfassungsmäßigen Rechtsordnung untereinander zu beachten. Deshalb sollen Konflikte zwischen den Menschen und zwischen Staat und einzelnen Bürgern vor den Gerichten friedlich ausgetragen werden. Die Gerichte haben vom GG her die Aufgabe, Streitigkeiten verbindlich zu entscheiden. Die bedeutende Aufgabe, Recht zu sprechen, setzt voraus, dass die Gerichte unabhängig, ohne Weisungen und ohne Ansehung der Parteien und Beteiligten entscheiden. Das GG formuliert das so:

> Die rechtsprechende Gewalt ist den Richtern anvertraut. Die Richter sind unabhängig und nur dem Gesetze unterworfen; Art. 92 und 97 GG.
> Ausnahmegerichte sind unzulässig; Art. 101 Abs. 1 Satz 1 GG.

Gericht im Sinne des GG sind zwingend **staatliche Gerichte**; diese haben ein **Monopol auf die Rechtsprechung**. Nach dem GG kann Dussel von keiner anderen Instanz als einem staatlichen Gericht wegen des Diebstahls verurteilt werden. Das GG schließt Selbstjustiz durch Ruppig ebenso aus wie „Volkstribunale" auf dem Marktplatz.

## Justiz- Grundrechte

Fortsetzung: Der zweite rechtlich bedeutsame Aspekt in dem vorherigen Fall ist das Einsperren des Dussel durch Ruppig, um ihn dem „Schützen-Gericht" vorführen zu können.

Wäre das Einsperren denn zulässig, wenn Ruppig beabsichtigt, Dussel der Polizei zu übergeben?

Grundsätzlich ja, weil nach § 127 Abs. 1 StPO jedermann eine Person vorläufig festnehmen kann, die er auf frischer Tat antrifft, oder die flieht oder deren Identität nicht sofort festgestellt werden kann. Diese Voraussetzungen liegen aber nicht vor, weil Ruppig wusste, wer der Täter ist, Dussel nicht auf frischer Tat gestellt wurde und Dussel friedlich zu Hause die Flasche Steinhäger leerte. Ruppig durfte also nicht den Dussel mit Gewalt in sein Auto zerren, verschleppen und einsperren. Ruppig hätte stattdessen die Polizei alarmieren müssen, deren Aufgabe die Ermittlung und Aufklärung von Straftaten ist; § 163 StPO.

Ergänzung: Hätte denn die Polizei den Dussel bis zur Hauptverhandlung vor dem Strafgericht inhaftieren können?

Nein, die Entscheidung über jegliche Form der **Inhaftierung** liegt ausschließlich bei den staatlichen Gerichten; Art. 104 GG. Die Grundrechte auf persönliche Freiheit und Freizügigkeit aus Art. 2 Abs. 1 und 11 GG sind so bedeutend, dass nur Gerichte über eine Beschränkung und Entziehung der Freiheit entscheiden dürfen.
Dennoch erfahren wir täglich in den Medien, dass Personen von der Polizei inhaftiert werden. Das ist auch richtig so, weil es sich hier um **vorläufige Maßnahmen** handelt. Die Polizei ist verpflichtet, eine richterliche Entscheidung einzuholen, wenn eine längere Inhaftierung erforderlich ist.

> Die **Freiheit der Person** kann nach Art 104 GG nur auf Grund eines förmlichen Gesetzes und nur unter Beachtung der darin vorgeschriebenen Formen beschränkt werden. Festgehaltene Personen dürfen weder seelisch noch körperlich misshandelt werden.
> Über die Zulässigkeit und Fortdauer einer Freiheitsentziehung hat nur der Richter zu entscheiden (**Richtervorbehalt**). Bei jeder nicht auf richterlicher Anordnung beruhenden Freiheitsentziehung ist unverzüglich eine richterliche Entscheidung herbeizuführen. Die Polizei darf aus eigener Machtvollkommenheit niemanden länger als bis zum Ende des Tages nach dem Ergreifen in eigenem Gewahrsam halten.
> Jeder wegen des Verdachtes einer strafbaren Handlung vorläufig Festgenommene ist spätestens am Tage nach der Festnahme dem Richter vorzuführen, der ihm die Gründe der Festnahme mitzuteilen, ihn zu vernehmen und ihm Gelegenheit zu Einwendungen zu geben hat. Der Richter hat unverzüglich entweder einen mit Grün-

den versehenen schriftlichen Haftbefehl zu erlassen oder die Freilassung anzuordnen.
Von jeder richterlichen Entscheidung über die Anordnung oder Fortdauer einer Freiheitsentziehung ist unverzüglich ein Angehöriger des Festgehaltenen oder eine Person seines Vertrauens zu benachrichtigen.

Den Richtervorbehalt gibt es auch in Bezug auf die **Wohnung** eines Menschen. Sie ist nach Art. 13 Abs. 1 GG unverletzlich; **Durchsuchungen** dürfen nach Art. 13 Abs. 2 GG nur durch einen Richter angeordnet werden. Ausnahmsweise auch ohne richterliche Entscheidung bei **Gefahr im Verzuge** durchgeführt werden, was aber nicht das Recht ausschließt, die Rechtmäßigkeit der Durchsuchung gerichtlich klären zu lassen.

Abwandlung: Dussel wird wegen des Diebstahls von der Polizei drei Tage inhaftiert ohne einem Richter vorgeführt zu werden. Nach der Freilassung liest Dussel den Art. 104 GG und beschwert sich beim Polizeipräsidenten wegen der unzulässigen Freiheitsentziehung. Dieser lacht Dussel aus und fragt ihn, was er denn überhaupt wolle; schließlich sei er doch jetzt frei!

Wie ist die Rechtslage?

Eine Verletzung des Grundrechts auf Freiheit aus Art. 2 Abs. 2 Satz 2 GG in Verbindung mit Art. 104 GG liegt hier eindeutig vor, weil Dussel während der Haft nicht dem Richter vorgeführt wurde. Außerdem ist fraglich, ob denn überhaupt ein Haftgrund (Fluchtgefahr, Verdunklungsgefahr) vorlag, so dass Dussel im Fall der richterlichen Haftanordnung Rechtsmittel hätte einlegen könnte, um die Entscheidung des Haftrichters überprüfen zu lassen. Diese Möglichkeit, eine Entscheidung des Gerichts zu erwirken oder eine Entscheidung eines Gerichts durch ein höheres Gericht überprüfen zu lassen, gehört zur Rechtsschutzgarantie des Art. 19 Abs. 4 GG.

Art. 19 Abs. 4 GG gewährt jedermann das Recht, die Gerichte anzurufen und den Rechtsweg zu beschreiten, wenn er durch die öffentliche Gewalt in seinen Rechten verletzt wird (**Freier Zugang zu den Gerichten, Rechtsweggarantie**).

Hierzu zählt auch das Recht auf effektiven Rechtsschutz (**Justizgewährungsanspruch**).

Die allgemeine Rechtsschutzgarantie des GG beinhaltet das Recht auf effektiven Rechtsschutz. Im Hinblick auf Art. 104 GG wurde das dem Dussel verwehrt.
Außerdem stellt sich die Frage, ob Dussel denn jetzt noch, nach seiner Freilassung, die Verletzung seiner Grundrechte gerichtlich rügen kann. Auch hier hilft der Rechtsgedanke des effektiven Rechtsschutzes. Der Eingriff in sein Freiheitsrecht ist zwar beendet. Das geschützte Rechtsgut ist aber so bedeutsam, dass der schwerwiegende Grundrechtseingriff quasi fortwirkt, so als würde der Grundrechtseingriff seelische Narben hinterlassen. Deshalb verlangt das Gebot des effektiven Rechtsschutzes, dass Dussel nachträglich die Rechtswidrigkeit der unzulässigen Freiheitsentziehung gerichtlich feststellen lassen kann. Eine solche Feststellung kann dann die Grundlage sein für einen Schadensersatzklage gegen das Land, das verantwortlich ist für die Polizei und für die Justiz.

## Fall 52

Der Staatsanwalt klagt Dussel wegen des Diebstahles in der Tankstelle des Ruppig an. Der Richter am Amtsgericht Zaghaft lässt die Anklage zu und lädt Dussel zur Hauptverhandlung in fünf Monaten. In der Zwischenzeit findet ein Grünkohlessen im Schützenverein statt. Anwesend ist Ruppig, der geschädigte Tankstellenpächter, und Dr. Heftig, Direktor des Amtsgerichts. Ruppig erzählt seinem Vereinsbruder Dr. Heftig von dem Diebstahl und klagt sein Leid über die Dauer des Verfahrens und über die zu erwartende Milde des Richters. Dr. Heftig stimmt dem Ruppig zu und verspricht ihm beim fünften Bier,

a) den Fall an sich zu ziehen,
b) Dussel ohne Rücksicht auf seine Ausreden zu verurteilen und

c) dem Ruppig zu gestatten, dass er als Strafe dem Dussel eine runterhauen dürfe.

Wie ist das Verhalten des Dr. Heftig zu beurteilen?

Zu a):
Jeder hat Anspruch auf seinen gesetzlichen Richter; Art. 101 Abs. 1 Satz 2 GG. Gerichte stellen so genannte Geschäftsverteilungspläne auf, aus denen sich an Hand von abstrakten Kriterien (z. B. Anfangsbuchstabe des Nachnamens) vorher ergibt, welcher Richter künftig welche Fälle verhandelt. Damit wird formal sichergestellt, dass ein unabhängiger Richter den Fall verhandelt. Auch als Direktor des Amtsgerichts kann Dr. Heftig das nicht nachträglich ändern.

Zu b):
Eine solche Voreingenommenheit eines Richters ist nicht mit dem Leitbild des GG vom unabhängigen Richter, der nur dem Gesetz und Recht unterworfen ist, zu vereinbaren; Art. 92 Abs. 1 GG. Zudem hat Dussel als Angeklagten einen Anspruch auf rechtliches Gehör; Art. 103 Abs. 3 GG. Daher muss der Richter sich die Einlassung des Dussel anhören und bei seiner Urteilsfindung berücksichtigen. Schließlich kommt eine Verurteilung nur in Betracht, wenn die Schuld des Dussel als Ergebnis der Hauptverhandlung feststeht (Keine Strafe ohne Schuld).

Zu c)
Diese Art der Strafe ist weder für Diebstahl noch für andere Vergehen und Verbrechen vorgesehen. Das StGB kennt nur Geld- und Freiheitsstrafen. Prügel als Strafe würde den Dussel in seine Würde und in seinem Grundrecht auf körperliche Unversehrtheit verletzen; Art. 1, 2 Abs. 2 Satz 1 GG. Zudem verlangt Art. 103 Abs. 2 GG, dass das StGB diese Art der Strafe ausdrücklich vorsehen müsste, um sie überhaupt verhängen zu können (Grundsatz der Bestimmtheit). Außerdem stellt Art. 103 GG klar, dass nicht die Rachegelüste des Ruppig Grundlage der Verurteilung sind, sondern die Schuld des Täters.

## Übersicht 14: Justiz-Grundrechte

Die Art. 1 Abs. 3, 19 Abs. 4, 92 bis 103 GG und Art. 6 EMRK ergänzen den Grundrechtsschutz auf dem Gebiet der Rechtsprechung. Es handelt sich um Mindestanforderungen, die in jedem Gerichtsverfahren einzuhalten sind.

| | | |
|---|---|---|
| Bindung der Justiz an Gesetz und Recht | Art. 1 Abs. 3, 20 Abs. 3, 97 Abs. 1 GG | Bei der Auslegung von Gesetzen muss das Gericht die Grundrechte der Parteien, Angeklagten und Beteiligten beachten (Selbstbindung). |
| Freiheitsentziehung | Art. 104 GG | Nur zulässig auf der Grundlage einer richterlichen Entscheidung. Vorläufige, polizeiliche Festnahmen sind gerichtlich zu überprüfen. |
| Gesetzlicher Richter | Art. 101 Abs. 1 Satz 2 GG | Jedermann hat Anspruch auf einen unabhängigen Richter. Die Zuständigkeit muss vorher feststehen. |
| Anspruch auf zügige Entscheidung | Art. 6 Abs. 1 EMRK | Verbot überlanger Verfahrensdauer: Der freie Zugang zu den Gerichten nützt nur nichts, wenn das Gericht nicht in angemessener Zeit entscheidet. |
| Freier Zugang zu den Gerichten | Art. 19 Abs. 4 GG | Rechtsweggarantie. Beinhaltet auch das Gebot eines effektiven Rechtsschutzes und ganz allgemein einen Justizgewährungsanspruch: Anspruch auf zügige Entscheidung, siehe auch Art. 6 EMRK |
| Anspruch auf rechtliches Gehör und Anspruch auf ein faires Verfahren | Art. 103 Abs. 1 GG | Selbstverständlichkeit. Verschiedene Aspekte:<br>1) Parteien, Beteiligte und Angeklagte müssen Gelegenheit haben, ihre |

▶

| | | |
|---|---|---|
| | | Sicht der Dinge vor Gericht darzulegen. Und das Gericht muss sich mit diesen Argumenten auseinander setzten und sie bei seiner Entscheidung berücksichtigen.<br><br>2) „Waffengleichheit": Um sich vor Gericht überhaupt zu äußern, muss man verstehen, worum es geht. Deshalb hat jemand, der die deutsche Sprache nicht beherrscht, Anspruch auf einen Dolmetscher. Ist die Sache kompliziert oder ist der Strafvorwurf erheblich, dann besteht ein Anspruch auf Beiordnung eines Rechtsanwaltes (Prozesskostenhilfe, Pflichtverteidiger).<br><br>3) Verbot von Überraschungsentscheidungen: Das Gericht hat vorher auf alle maßgeblichen Aspekte der künftigen Entscheidung hinzuweisen, damit die Parteien sich darauf einstellen können. |
| Keine Strafe ohne Gesetz | Art. 103 Abs. 2 GG | Strafrecht enthält alle Verbote, die unbedingt erforderlich sind, um halbwegs zivilisiert und in Frieden zu leben. Da die Rechtsprechung das Monopol auf die Verfolgung und Ahndung von Straftaten hat, ist es eine Selbstverständlichkeit, dass die angeklagte Tat als Verbot vor der Tat gesetzlich festgelegt ist. Alles andere wäre Willkür. |
| Verbot der Mehrfachverurteilung | Art. 103 Abs. 3 GG | Niemand darf wegen derselben Tat mehrfach verurteilt werden. Tat be- |

| | | |
|---|---|---|
| | | deutet einen zeitlich, also historisch abgegrenzten Vorgang. Deshalb ist die Anklage des Staatsanwalt so wichtig: In der Anklageschrift werden der Zeitraum und die Vorgänge genau beschrieben, über die vor dem Strafgericht verhandelt wird. |
| Unschuldsvermut ung | Art. 6 Abs. 2 EMRK | Keine Strafe ohne Schuld. Solange das Strafverfahren nicht abgeschlossen ist, gilt der Angeklagte als unschuldig. |
| Abschaffung der Todesstrafe | Art. 102 GG | Noch eine Selbstverständlichkeit. Diese Grundsatzentscheidung des GG verdeutlicht den Unterschied zwischen Zivilisation und Barbarei. Die Todesstrafe kann auch nicht durch Änderung des GG eingeführt werden; Art. 79 Abs. 3 GG. |

# 15. Lektion Verfassungsgerichtsbarkeit

## Fall 53

Franziska Müller ist sechs Monate alt und lebt mit ihren verheirateten Eltern in Braunschweig.

Franziskas Eltern haben bei der Stadt Braunschweig die Zahlung von „Elterngeld“ beantragt. Nach dem Gesetz haben Eltern ein Jahr lang Anspruch auf eine monatliche Geldzahlung vom Staat. Das „Elterngeld“ wird aber nur gezahlt, wenn der Vater des Kindes in dieser Zeit zwei Monate zu Hause bleibt. Statistisch betrachtet leisten Väter bislang nur sehr wenig Hausarbeit und daher sind fast ausschließlich Mütter verdammt seien, zu Hause zu bleiben. Die Zahlung des „Elterngeldes“ soll nach dem Willen des Gesetzgebers unter dieser Auflage wie ein Anreiz wirken, die traditionelle Arbeitsteilung schneller zu überwinden. Der Vater von Franziska hat zwar Bock auf die befristete Rolle als Hausmann, kann es sich aber nicht leisten, weil er sonst seinen

Arbeitsplatz als Fernfahrer verliert. Das Bürgeramt lehnt deshalb die Zahlung unter Hinweis auf die eindeutige Rechtslage ab. Ein Widerspruch der Eltern gegen die Ablehnung bleibt ohne Erfolg. Franziska's Eltern finden die Ablehnung und die Gesetzeslage ungerecht, weil sie in ihr Zusammenleben als Familie und damit in den Schutzbereich des Art. 6 GG eingreifen.

Was können die Eltern jetzt tun?

Wir wissen aus der vorherigen Lektion, dass jedermann die staatlichen Gerichte anrufen kann, wenn er glaubt, dass eine Entscheidung einer Behörde seine Rechte verletzt; Art. 19 Abs. 4 GG. Nun müssen wir nur noch klären, welches Gericht angerufen werden kann.

## Übersicht 15: Aufbau der Justiz

Nach Art. 92 GG wird die rechtsprechende Gewalt durch das Bundesverfassungsgericht in Karlsruhe (BVerfG), die Bundesgerichte und durch die Gerichte der Länder ausgeübt.

Um den Justizgewährungsanspruch effektiv zu gewährleisten, gibt es gemäß Art. 95 GG Fachgerichte.

a) Fachgerichte für die ordentliche Gerichtsbarkeit: Zivil- und Strafsachen, Freiwillige Gerichtsbarkeit (z. B. Vormundschaften, Nachlasssachen, Insolvenzen, Handelsregister),
b) Verwaltungsgerichte,
c) Finanzgerichte,
d) Arbeitsgerichte und
e) Sozialgerichte.

Da die Justiz Ländersache ist, errichten die Länder auf ihrem Gebiet jeweils diese Fachgerichte (in den unteren Instanzen).
Die obersten Gerichtshöfe (letzte Instanz) sind Sache des Bundes:

- der Bundesgerichtshof in Karlsruhe,
- das Bundesverwaltungsgericht in Leipzig,
- der Bundesfinanzhof in München,
- das Bundesarbeitsgericht in Erfurt und
- das Bundessozialgericht in Kassel

Im Ergebnis können Franziska's Eltern jetzt beim Sozialgericht gegen die Ablehnung des Antrages und auf Zahlung des „Elterngeldes" klagen.

Ergänzung: Woher wissen Franziska's Eltern denn überhaupt, bei welchem Gericht sie Klage einreichen können?

Um einen effektiven Rechtsschutz im Sinne des Art. 19 Abs. 4 GG für jeden Menschen zu gewährleisten, muss die Behörde die Ablehnung des Antrages und die Zurückweisung eines Widerspruches hiergegen mit einer so genannten **Rechtsmittelbelehrung** versehen; § 36 SGB X (Sozialgesetzbuch, Buch 10) und § 78 SGG (Sozialgerichtsgesetz). Aus dieser Belehrung ergibt sich, bei welchem Gericht und in welcher Form und Frist geklagt werden kann. Die Belehrung folgt nach dem Motto: Nur wer seine Rechte kennt, kann entscheiden, ob er sie wahrnimmt. Dieser Gedanke ist nicht ganz neu. Der Philosoph Immanuel Kant (1724-1804) hat ihn sinngemäß so formuliert: Ich kann nur wollen, was ich weiß (kenne).

Ergänzung: Franziska's Eltern schmeckt die Klage vor dem Sozialgericht nicht, weil nach ihrer Ansicht schon das Gesetz Unrecht ist und nicht erst der darauf beruhende Ablehnungsbescheid der Behörde. Insoweit soll das Gesetz zu Fall gebracht werden. Und im Übrigen geht es um ihre Grundrechte als Familie aus Art. 6 GG.

Kümmert sich das zuständige Sozialgericht um den behaupteten Verstoß gegen die Grundrechte der Familie Müller? Oder gibt es ein Gericht, dass sich direkt um Grundrechtsverstöße kümmert?

Beide Fragen sind mit ja zu beantworten.
Das Sozialgericht ist Teil der rechtsprechenden Gewalt und damit verpflichtet, bei der Auslegung der Gesetze und in seinen Entscheidungen die Grundrechte der Parteien zu beachten. Das nennt man **Selbstbindung an Recht und Gesetz** nach Art. 1 Abs. 3, 20 Abs. 3, 97 Abs. 1 GG; siehe auch Lektion 14.
Zusätzlich gibt es das BVerfG und die Verfassungsgerichtshöfe der einzelnen Bundesländer (mit Ausnahme von Schleswig-Holstein).

Das Sozialgericht ist als Teil der Fachgerichtsbarkeit auch Teil der öffentlichen Gewalt, so dass Franziska's Eltern auch **Verfassungsbe-**

schwerde einlegen können, wenn sie meinen, eine letztinstanzliche Entscheidung der Sozialgerichtsbarkeit verletze ihre Grundrechte.

> Die Fachgerichte und die Verfassungsgerichte prüfen bei ihren Entscheidungen, ob ein Akt der öffentlichen Gewalt (Legislative, Exekutive, Judikative) die Grundrechte einer Partei verletzt. Das BVerfG hat hierbei das letzte Wort, weil es auch Entscheidungen der Fachgerichte auf Grundrechtsverstöße überprüfen kann.
>
> Das BVerfG versteht sich deshalb als „Hüterin der Verfassung".

## Konkrete Normenkontrolle

Ergänzung: Die Kammer des Sozialgerichts hat sehr viel Verständnis für die Ansicht von Franziska´s Eltern und geht davon aus, dass das betreffende Elterngeld-Gesetz in der aktuellen Fassung tatsächlich Grundrechte der Kläger verletze.

Kann denn das Fachgericht geltende Gesetze einfach so übergehen und nach eigenem Rechtsempfinden entscheiden?

Nein
Ein Teil der Antwort steckt im Grundsatz der Selbstbindung der Justiz an das GG. Konkret heißt es in Art. 20 Abs. 3, dass die Rechtsprechung an Gesetz und Recht gebunden sei. Die Unterscheidung zwischen Gesetz und Recht ist bedeutsam. Der Begriff Gesetz meint die formalen Akte der Parlamente, in denen festgelegt wird, was Recht sein soll (Kodifikation). Beide Begriffe verhalten sich zueinander wie in der Mathematik die Schnittmengen von zwei Mengen: Nicht alles, was Gesetz ist, ist automatisch rechtens. Recht und Gerechtigkeit leiten sich nicht immer aus geschriebenen Gesetzestexten ab. Und nicht immer ist alles, was Recht ist, auch schon in die Form eines Gesetzes gegossen. Deshalb decken sich die Mengen „Gesetz" und „Recht" nicht vollständig. Es bleiben an den Rändern immer Teilmengen, die nicht gleichzeitig Gesetz und Recht sind. Diese Teile an den Rändern interessieren uns hier! Die Rolle der Grundrechte ist -bildlich gesprochen- die eines höherrangigen gesetzlichen Radiergummis, das alle Gesetze, die über die Kante des Rechts hinausschauen, beseitigt.

Deshalb muss das Fachgericht bei der Auslegung eines Gesetzes immer auch prüfen, ob denn die Anwendung des Gesetzes auf den konkreten Fall die Grundrechte der Parteien verletzt. Das Fachgericht darf ein Gesetz aber nicht einfach ignorieren und nach Gutsherrenart richten; das verlangt schon der Grundsatz des Gesetzesvorranges. Vielmehr muss das Fachgericht sondern seine Bedenken schriftlich darstellen und die Sache dem BVerfG zur Entscheidung vorlegen (Vorlagebeschluss). Das BVerfG entscheidet dann, ob das Gesetz, auf das es für die Entscheidung des Fachgerichts ankommt, wegen Verletzung der Grundrechte der Parteien nichtig ist (Konkrete Normenkontrolle nach Art. 100 GG).

## Leitsatz 22

**Konkrete Normenkontrolle nach Art. 100 GG**

Hält ein Fachgericht ein Gesetz, auf dessen Gültigkeit es bei der Entscheidung ankommt, für verfassungswidrig, so ist das Verfahren auszusetzen und, wenn es sich um die Verletzung dieses Grundgesetzes handelt, die Entscheidung des BVerfG einzuholen. Dies gilt auch, wenn es sich um die Verletzung dieses Grundgesetzes durch Landesrecht oder um die Unvereinbarkeit eines Landesgesetzes mit einem Bundesgesetze handelt.
Die Vorlage an das BVerfG ist beschränkt auf die Fälle, in denen es um die Anwendung von Gesetzen geht, die nach dem 23. Mai 1949 in Kraft getreten sind (**Nachkonstitutionelles Recht**). Bei älteren Gesetzen trifft das Fachgericht selbstständig eine Entscheidung, ob diese Gesetze verfassungswidrig sind oder nicht.
Ein Fachgericht hat die Sache dem EuGH vorzulegen, wenn das entscheidungserhebliche Gesetz möglicherweise im **Widerspruch zu EU-Recht** steht und ggf. EU-Grundfreiheiten verletzt; Art. 234 EU-Vertrag. Das Verfahren vor dem EuGH dient dazu, dass das EU-Recht in allen Mitgliedsstaaten einheitlich ausgelegt und angewendet wird. Zu EU-Grundfreiheiten siehe Lektion 11.

Ergänzung: Wie wird das BVerfG auf die Vorlage des Sozialgerichts in Sachen „Erziehungsgeld“ wahrscheinlich entscheiden?

Aus der Lektion 9 wissen wir, dass Ehe und Familie unter dem besonderem Schutz des GG stehen; Art. 6 GG. Hinzu kommt das Recht auf freie Entfaltung der Persönlichkeit aus Art. 2 Abs. 1 GG. Daraus wird der allgemeine Grundsatz gewonnen, dass der Staat in dem geschützten Bereich von Ehe und Familie im Prinzip nicht zu suchen hat. Das GG setzt mit den Begriffen Familie und Ehe kein feste Rollenverteilung oder gar Erziehungsmethoden voraus. Genau das aber versucht der Staat mit dem Gesetz, indem er eine bestimmte -sicherlich förderungswürdige- Aufteilung der Erziehungsaufgaben zwischen den Eltern mit finanziellen Anreizen versieht, dem „Erziehungsgeld". Die Gewährung ist jedoch diskriminierend im Verhältnis zu den Eltern, bei denen der Vater des Kindes nicht zwei Monate zu Hause bleibt. Diese Form der Gewährung von „Erziehungsgeld" kann wie ein mittelbarer Zwang wirken. Dieser Versuch des Staates zur Umerziehung von Vätern tut -gesellschaftlich betrachtet- ohne Zweifel Not, er ist aber aus Sicht der Art. 6 und 2 Abs. 1 GG unzulässig.

Ergänzung: In welchen anderen Fällen entscheidet das BVerfG?

## Übersicht 16: Verfahren vor dem BVerfG

Die Zuständigkeiten des BVerG sind zusammengefasst aufgeführt in § 13 BVerfGG.

I. Das BVerfG entscheidet nach Art. 93 GG u.a. über:

1. über die Auslegung des GG bei Streitigkeiten über den Umfang der Rechte und Pflichten der Bundesorgane und z. B. der Fraktionen des Bundestages (Organstreitigkeiten);

2. bei Meinungsverschiedenheiten oder Zweifeln über die förmliche und sachliche Vereinbarkeit von Bundesrecht mit dem GG (**abstrakte Normenkontrolle**);

2a. bei Meinungsverschiedenheiten, ob ein Gesetz den Voraussetzungen des Art. 72 Abs. 2 (abstrakte Normenkontrolle auf dem Gebiet der konkurrierenden Gesetzgebung, entspricht;

3. bei Meinungsverschiedenheiten über Rechte und Pflichten des Bundes und der Länder (Bund-Länder-Streit);

4. in anderen öffentlich-rechtlichen Streitigkeiten zwischen dem Bunde und den Ländern, zwischen verschiedenen Ländern oder innerhalb eines Landes, soweit nicht ein anderer Rechtsweg gegeben ist;

4a. über Verfassungsbeschwerden, die von jedermann mit der Behauptung erhoben werden können, durch die öffentliche Gewalt in einem seiner Grundrechte oder in einem seiner in Artikel 20 Abs. 4, 33, 38, 101, 103 und 104 enthaltenen Rechte verletzt zu sein (**Verfassungsbeschwerde**);

4b. über Verfassungsbeschwerden von Gemeinden und Gemeindeverbänden wegen Verletzung des Rechts auf Selbstverwaltung nach Art. 28 durch ein Gesetz.

II. Das BVerfG entscheidet nach Art. 100 GG auf Vorlagen, wenn ein Fachgericht ein für seine Entscheidung erhebliches Gesetz für verfassungswidrig hält (**konkrete Normenkontrolle**).

III. Das GG und Bundesgesetze weisen dem BVerfG weitere Aufgaben zu; Z. B.:
Verwirkung von Grundrechten (Art. 18 GG), Parteiverbote (Art. 21 GG), Wahlprüfung (Art. 41 Abs. 2 GG), Vorgehen gegen den Bundespräsidenten und gegen Richter (Art. 61 Abs. 2, 99 GG).

## Verfassungsbeschwerde

### Fall 54

Das Sozialgericht ist im Fall 53 nicht bereit, das BVerfG nach Art. 100 GG anzurufen. Bis die Sache vom Bundessozialgericht entschieden ist, ist Franziska schon in der Schule.

Kann Familie Müller jetzt sofort das BVerfG mit einer Verfassungsbeschwerde anrufen?

Nein, Art. 93 Abs. 1 Nr. 4 b) GG und 13 Abs. Nr. 8 a) BVerfGG sehen zwar vor, dass Frau Müller mit der Behauptung, die Erhebung der Zweitwohnungssteuer verletzte ihre Grundrechte, Verfassungsbeschwerde einlegen kann. Der Gang nach Karlsruhe setzt aber voraus, dass der Rechtsweg ausgeschöpft ist; § 90 Abs. 2 Satz 1 BVerfGG, Art. 94 Abs. 2 Satz 2 GG.

## Leitsatz 23

!

**Verfassungsbeschwerde**

Die Verfassungsbeschwerde kann von jedermann mit der Behauptung erhoben werden, durch die öffentliche Gewalt in seinen Grundrechten oder in seinen Rechten aus Art. 20 Abs. 4, 33, 38, 101, 103 oder 04 GG verletzt zu sein. Das ist grundsätzlich erst nach **Erschöpfung des Rechtswegs** möglich. Die Verfassungsbeschwerde ist subsidiär zu der Klage und zu den Rechtsmitteln vor den Fachgerichten. Das BVerfG kann jedoch über eine Verfassungsbeschwerde, die vor Erschöpfung des Rechtswegs eingelegt worden ist, sofort entscheiden, wenn sie

a) von allgemeiner Bedeutung ist oder
b) wenn dem Beschwerdeführer ein schwerer und unabwendbarer Nachteil entstünde, falls er zunächst auf den Rechtsweg verwiesen würde.

Der Grundsatz der **Subsidiarität** soll verhindern, dass die Menschen den Rechtsweg zu den Fachgerichten auslassen und das BVerfG mit Verfassungsbeschwerden zuschmeißen. Denn über 95 % aller Anträge an das BVerfG sind Verfassungsbeschwerden und nur knapp 2,5 % davon haben überhaupt Erfolg!

Ausnahmsweise ist auch schon vor der Ausschöpfung des Rechtsweges eine Verfassungsbeschwerde zulässig, wenn ansonsten der Beschwerdeführer schwere und unabwendbare Nachteile entstünden, müsste er erst den Rechtsweg ausschöpfen. Eine solche Ausnahme könnte hier vorliegen, da die Ablehnung des Eltern-Erziehungsgeldes die Planung des Familienlebens durcheinander bringt.

Ergänzung: Welche weiteren Voraussetzungen muss die Verfassungsbeschwerde von Frau Müller noch erfüllen?

## Übersicht 17: Voraussetzungen einer Verfassungsbeschwerde

Das BVerfGG beschreibt die Voraussetzungen und das Verfahren:

**I. Zulässigkeit**

Die Verfassungsbeschwerde ist

1. schriftlich einzulegen (§ 23 Abs. 1 BVerfGG, kein Rechtsanwalt erforderlich) und
2. binnen einer Frist von einem Monat seit Zustellung bzw. Bekanntgabe der zu beanstanden Entscheidung des Fachgerichts einzulegen. Richtet sich die Verfassungsbeschwerde gegen ein Gesetz, dann muss sie binnen eines Jahres seit Inkrafttreten eingelegt werden; § 93 BVerfGG.
3. Die Verfassungsbeschwerde ist zu begründen. In der Begründung ist anzugeben, welches Grundrecht verletzt sein soll und um welchen Akt der öffentlichen Gewalt es geht; §§ 92, 93 Abs. 1 BVerfGG.

**II. Begründetheit**

Das BVerfG prüft,

1. ob ein Akt der öffentlichen Gewalt Grundrechte des Beschwerdeführers oder eine seiner in Art. 20 Abs. 4, 33, 38, 101, 103 und 104 enthaltenen Rechte verletzt und
2. ob der Eingriff in diese Rechte gerechtfertigt ist; z.B. durch einen Gesetzesvorbehalt und durch den Grundsatz der Verhältnismäßigkeit.

Einzelheiten siehe Lektion 5.

**III. Annahme der Verfassungsbeschwerde**

1. Unzulässige oder offensichtlich unbegründete Anträge werden durch einstimmigen Beschluss des Gerichts verworfen; § 24 BVerfGG.

▶

2. Ansonsten bedarf die Verfassungsbeschwerde der Annahme zur Entscheidung; 93a BVerfGG. Das geschieht,
   a) soweit der Fall grundsätzliche verfassungsrechtliche Bedeutung hat oder
   b) wenn es zur Durchsetzung der betroffenen Grundrechte und anderen Rechte angezeigt ist.

Ergänzung: Wie lautet die Entscheidung des BVerfG?

Das BVerfG gibt hier der Verfassungsbeschwerde statt und stellt durch Urteil oder Beschluss fest, welche Vorschrift des Grundgesetzes durch welche Handlung oder Unterlassung wurde; § 95 BVerfGG. Damit nicht genug! Verletzt eine gesetzliche Regelung das Grundgesetz, so hat das grundsätzlich zur Folge, dass sie für nichtig zu erklären ist.

## Abstrakte Normenkontrolle

### Fall 55

Schauen Sie sich Fall 12 an. Unterstellen wir, dass der Bundestag ein Gesetz zu den Punkten a), b) und c) beschließt.
Der Einspruch des Bundesrates wird vom Bundestag zurückgewiesen. Der Bundespräsident fertigt das Gesetz aus und es tritt in Kraft.

Was können jetzt die Bundestagsabgeordneten, die gegen das Gesetz gestimmt haben, und die Bundesländer machen, wenn sie sich nicht mit diesem Gesetz abfinden wollen?

Das Gesetz hat einige grobe handwerkliche Fehler und verhöhnt im Prinzip die föderalen Grundsätze der Bundesrepublik Deutschland. Welches Verfahren ist hier geeignet?

Um Fehler im Gesetzgebungsverfahren aufzudecken, kennt das GG die Möglichkeit der abstrakten Normenkontrolle.

> Bei der abstrakten Normenkontrolle geht es nach Art. 93 Abs. 1 GG um die förmliche und sachliche Vereinbarkeit von Bundesrecht oder Landesrecht mit dem GG (Nr. 2) oder darum, ob ein Gesetz den Voraussetzungen des Art. 72 Abs. 2 GG entspricht (Nr. 2 a).

In unserem Fall können die Landeregierungen der jeweiligen Bundesländer oder ein Drittel der Bundestagsabgeordneten die Vereinbarkeit des Gesetzes mit dem GG prüfen lassen. In Bezug auf Art. 72 Abs. 2 GG kommt auch ein Antrag des Bundesrates oder der jeweiligen Regierungen bzw. Parlamente der Bundesländer in Betracht.

Ergänzung: Wie sehen denn die Chancen eines Antrages auf abstrakte Normenkontrolle aus?

Ganz gut!
Denn der Bund hat zu a) und b) keine Gesetzgebungskompetenz.

### Gesetzgebungskompetenz

Bei einem Gesetz betreffend Maßnahmen gegen gemeingefährliche und übertragbare Krankheiten bei Menschen und Tieren handelt es sich um ein Gesetz auf dem Gebiet der konkurrierenden Gesetzgebung; Art. 74 Abs. 1 Nr. 19 GG. Hier haben die Länder die originäre Befugnis zur Gesetzgebung, solange und soweit der Bund auf diesem Gebiet hiervon nicht selbst durch Gesetz Gebrauch macht. Das hat der Bund hier gemacht. Zulässig ist das aber nur, wenn eine bundeseinheitliche Regelung erforderlich ist nach Art. 72 Abs. 2 GG, d.h. wenn und soweit eine bundesgesetzliche Regelung für die Herstellung gleichwertiger Lebensverhältnisse im Bundesgebiet oder für die Wahrung der Rechts- und Wirtschaftseinheit im gesamtstaatlichen Interesse erforderlich ist.

Bei Punkt c) kommt es darauf an, ob das Bundesgesetz auch das Verwaltungsverfahren regelt, so dass hier gegebenenfalls der Bundesrat anders am Gesetzgebungsverfahren zu beteiligen ist.

Ergänzung: Welche Auswirkungen haben denn diese Verstöße zu Punkt a) und b) des Gesetzes gegen das GG?

Kommt das BVerfG im Verfahren der abstrakten Normenkontrolle zu der Überzeugung, dass Bundesrecht mit dem Grundgesetz oder Landesrecht mit dem Grundgesetz oder dem sonstigen Bundesrecht unvereinbar ist, so erklärt es das Gesetz für nichtig; § 78 BVerfGG.

# Reihe *leicht gemacht*®

## **BGB** – *leicht gemacht*

*Kleiner BGB-Schein für Juristen, Betriebs- und Volkswirte*

*von Notar Dr. Heinz Nawratil*

*29. neu bearbeitete Auflage*

Eines der erfolgreichsten Bücher zur Einführung in das Bürgerliche Recht, mit dem Generationen Studierender den Einstieg in das Fach gefunden haben. Frisch und witzig, mitreißend und anregend geschrieben. Erscheint bereits in 29. Auflage mit mehr als 100.000 verkauften Exemplaren!

*16,5 x 11,5 cm*
*kart., 150 Seiten*
*2006*

*ISBN*
*3-87440-210-X*

*9,95 €*

## **HGB** – *leicht gemacht*

*Eine Einführung in das Handels, Gesellschafts- und Wertpapierrecht mit praktischen Fällen und Hinweisen für Klausuraufbau und Studium für Juristen, Betriebs- und Volkswirte und Studierende an Fachhochschulen und Berufsakademien*

*20. überarbeitete Auflage von Notar Dr. Heinz Nawratil*

Das Buch gibt einen Überblick über die Systematik und die Grundlagen dieses Rechtsgebietes. In seiner bewährt fallorientierten Darstellung erleichtert es nicht nur Studenten den Einstieg in die facettenreiche Materie. Nützlich ist die Lektüre auch für interessierte Laien und Unternehmer. Hier lernen Sie Sachverhalte begreifen, die unmittelbar mit Ihrem Berufsalltag zu tun haben: Handelsgeschäfte, Machtbefugnisse des Prokuristen, unterschiedliche Gesellschaftsformen - von der stillen bis zur Aktiengesellschaft - und Wertpapiere.

*16,5 x 11,5 cm*
*kart., 120 Seiten*
*2005*

*ISBN*
*3-87440-206-1*

*9,95 €*